ENTRETIENS FAMILIERS

SUR

L'ADMINISTRATION DE NOTRE PAYS

PARIS

*

ORGANISATION MUNICIPALE

CHATEAUROUX. — TYPOGRAPHIE A. NURET ET FILS.

ENTRETIENS FAMILIERS

SUR

L'ADMINISTRATION DE NOTRE PAYS

PARIS

*

ORGANISATION MUNICIPALE

PAR

MAURICE BLOCK

MEMBRE DE L'INSTITUT

DEUXIÈME ÉDITION

PARIS

BIBLIOTHÈQUE DES JEUNES FRANÇAIS

J. HETZEL ET Cie, 18, RUE JACOB

TABLE DES MATIÈRES

PRÉFACE

En permettant à Gaston d'aller passer un mois auprès de son oncle Duval, à Paris, M. Laurentin lui prescrivit de consacrer le temps nécessaire à l'étude de l'administration de cette ville. Il était d'avis que tout Français devait s'intéresser à Paris, la capitale de son pays, et connaître les conditions de son existence.

Il pensait aussi que, quiconque désire avoir une idée juste des merveilles que l'administration est obligée d'accomplir dans une si grande ville, n'a qu'à étudier l'organisation et le fonctionnement des rouages administratifs de Paris, ainsi que les résultats obtenus par les nombreuses améliorations quotidiennes que l'expérience rend nécessaires.

Mon ami Laurentin avait raison. Gaston le comprit et s'empressa d'obéir à la volonté paternelle. Il emporta des cahiers, comme s'il n'y avait pas de papier à Paris, et prit notes sur notes. Ces notes, je les ai résumées et j'en mets un premier petit volume sous les yeux du lecteur.

Je ne sais quel sera son impression ; la mienne a été bonne. Il y a dans ce petit livre, et dans celui qui le complétera, beaucoup de choses que la plupart des Parisiens eux-mêmes ne savent qu'imparfaitement ; ils auront ainsi un moyen facile de compléter leur instruction administrative et découvriront bientôt que ces choses les touchent de très près ! Ce qui leur plaira surtout, c'est que Gaston cherche toujours à savoir et à donner la raison de ce qu'il voit. La division en deux volumes était naturelle dans ce sujet. On a mis dans le premier ce qui est relatif à l'organisation des autorités et dans le second on a réuni les principaux résultats obtenus ; ces deux volumes s'éclairent l'un par l'autre.

MAURICE BLOCK.

ENTRETIENS FAMILIERS

SUR

L'ADMINISTRATION DE NOTRE PAYS

PARIS

*

ORGANISATION MUNICIPALE

CHAPITRE PREMIER

PARIS CAPITALE.

Au printemps de l'année 1880, notre jeune ami Gaston était dans la joie ; sa bonne conduite lui avait valu une récompense de premier ordre, la permission de passer une quinzaine avec son oncle Duval, le frère de sa mère, qu'il aimait beaucoup, et avec son cousin Henri qu'il ne chérissait pas moins. Et devinez où demeurait son oncle ? — Ni plus ni moins qu'à Paris. Il y avait si longtemps que Gaston désirait y aller! Son oncle et son cousin étaient venus assez souvent chez eux, à Monteau, les deux familles s'étaient aussi rencontrées chez des parents communs.

mais le voyage à Paris, projeté depuis longtemps, avait été ajourné plusieurs fois, à cause de la santé délicate de Mme Laurentin. Maintenant Gaston était considéré comme assez grand, et surtout comme assez sage, pour être admis à faire le voyage tout seul.

Un beau jour, — et il était vraiment beau ce jour-là, le soleil était radieux, l'air tiède, les arbres bourgeonnaient, et Gaston se sentait tout ému à la fois de sa première séparation et des choses extraordinaires qu'il allait voir, — son père et sa mère l'accompagnèrent à la station du chemin de fer, on prit le billet pour Paris, on fit inscrire la malle du jeune voyageur, ses parents lui donnèrent un porte-monnaie suffisamment garni, et bientôt on entendit le sifflet qui annonçait le train. Gaston embrasse ses chers parents, monte dans un wagon; un nouveau coup de sifflet retentit, et le voilà parti.

Le voyage ne présenta aucun incident digne d'être noté. A huit heures du soir il entra dans la gare du chemin de fer de Lyon, où son oncle et son cousin l'attendaient. On chargea la malle sur un fiacre à deux chevaux, on y prit place, et bientôt on roulait à travers Paris, dans cet océan de maisons, où notre jeune campagnard se sentait comme noyé. On arriva enfin au faubourg Saint-Honoré, où demeurait l'oncle Duval, on embrassa la tante, on dîna..., on causa, on avait tant de choses à se raconter!

et Gaston dut se coucher de bonne heure, tant il était fatigué.

Le lendemain, en déjeunant, la famille tint grand conseil, mais sans y mettre la moindre solennité. M. Duval avait reçu une lettre du père de Gaston qui le priait de profiter de toutes les occasions possibles pour mettre son fils au courant de l'organisation administrative de Paris, et de lui montrer comment Paris est administré, c'est-à-dire, comment l'administration intervient pour faciliter la satisfaction des besoins généraux ou communs. M. Duval s'en chargeait avec plaisir, il engageait seulement Gaston, et son propre fils Henri aussi, à prendre note de tout ce qui mériterait d'être retenu.

Gaston avait déjà promis à son père de prendre des notes et de les rédiger le soir avant de se coucher.

Ce point réglé, il s'agissait de faire un plan.

« Mon ami, dit Mme Duval, avant d'aller aux préfectures, aux mairies et à je ne sais quelles administrations, il faudra montrer à Gaston les monuments, les promenades, les magnifiques collections et tant d'autres choses grandes ou belles dont Paris a le droit d'être fier.

— Nous réunirons l'utile à l'agréable, répondit M. Duval ; seulement, nous ne prendrons note que de l'utile. Mais l'étude que nous allons faire ensemble sera par elle-même un agrément. Aussi bien que l'obscurité, l'ignorance nous pèse, et nous avons le doux sentiment de la délivrance quand la clarté arrive à nos yeux ou à notre intelligence.

« Du reste, nous n'avons pas besoin de faire un plan pour toute la durée du séjour de Gaston à Paris ; pensons seulement aux premières journées, on verra après. Or, il faut évidemment commencer par le Paris de la France, avant de s'occuper du Paris des Parisiens.

— Le Paris de la France ? fit Henri.

— Paris est bien la capitale de la France, je pense, répondit M. Duval, non sans affecter un petit air de doute.

— Paris appartient à la France, ou la France appartient à Paris, comme on voudra, dit Mme Duval ; Paris est le cœur et la tête de la France, car c'est à Paris que s'expriment le plus vivement les sentiments de la France, et c'est à Paris que siègent les grands pouvoirs de l'État, qui expriment la pensée commune de la France et formulent sa volonté.

— Oh ! nous savons bien, nous autres provinciaux, s'écria Gaston, que Paris est la capitale de la France. On s'en plaint même quelquefois, je ne sais pas trop bien pourquoi, — je crois qu'on dit qu'elle en fait trop à sa tête, — mais on l'admire tout de même, allez. Tenez, pour le dire en un mot, on en est à la fois jaloux et fier. »

Bref, il fut convenu qu'avant d'étudier Paris comme chef-lieu de département ou comme commune, on l'envisagerait comme capitale de la France, et on se mit immédiatement à l'œuvre. Accompagné d'Henri et de Gaston, M. Duval n'avait qu'à faire quelques pas pour arriver place Beauvau, devant le palais de l'Élysée qu'habite le Président de la République, chef du gouvernement français. De là, on alla au palais Bourbon où, en face du pont de la Concorde, si bien nommé, siège la Chambre des députés ; puis on se rendit au palais du Luxembourg, où se réunit le Sénat [1] A cette occasion Gaston se montra très instruit sur le mécanisme de la Constitution française[2]. Il trouvait seulement qu'il y avait un peu loin d'un pouvoir à l'autre...

« Et le télégraphe donc ! fit Henri.

— Je le veux bien, dit Gaston; il doit cependant être quelquefois incommode de ne pas pouvoir causer ensemble, sans faire un petit voyage en voiture. »

M. Duval ne lui donna pas tort, mais fit remarquer que les rapports officiels entre les grands pouvoirs n'étaient pas de tous les instants, qu'ils avaient, d'ailleurs, lieu

1. Nous avons déjà dit que nous passerons sous silence les monuments, promenades ou choses remarquables situés sur notre chemin, mais qui sont en dehors des matières qui nous préoccupent en ce moment.

2. Voyez le volume LA FRANCE, dans la collection des *Entretiens familiers*.

selon des formes prescrites par des actes publics ou établies par l'usage.

« En outre, ajoutait-il, il y a, entre les Chambres et le Président de la République, un intermédiaire naturel, on peut dire un trait d'union, c'est le ministère. Les ministres ont des rapports nécessaires avec le Président, et des rapports non moins nécessaires avec le Parlement.

— « Et où sont les ministères ? » demanda Gaston.

Henri indiqua les rues où ils sont disséminés, ce qui donna encore à Gaston l'occasion de soutenir ses préférences pour l'agglomération des services publics; c'était au fond l'opinion de son père qu'il défendait. En se promenant, on passa devant le ministère de la guerre, le ministère des travaux publics, le ministère des finances, et en rentrant on put, place Beauvau, jeter un coup d'œil dans la cour du ministère de l'intérieur. Ce ne sont pas ces bâtiments qui offrent de l'intérêt, mais le travail qui s'y fait. A ces centres aboutissent toutes les affaires publiques d'une certaine importance, car Paris est la capitale de la France.

« Tous les pays ont une capitale, dit Henri.

— C'est évident, répondit Gaston, il faut bien que le gouvernement réside quelque part.

— La machine gouvernementale est trop lourde pour

rester en l'air, dit en riant M. Duval. Mais, bien sérieusement, il n'est pas étonnant que cette machine devienne de plus en plus lourde. Presque tous les jours on lui demande de se charger de nouveaux services, de surveiller ceci, de contrôler cela, d'administrer, d'exploiter, de percevoir, de construire, que sais-je? l'énumération serait longue, si je voulais aller jusqu'au bout.

— Mais, fit Henri, ce n'est pas par la seule présence du gouvernement que Paris est capitale.

— Tu veux dire, fit observer le père, que le siège du gouvernement est aussi la résidence des ambassadeurs et envoyés étrangers?

— Sans doute, mais c'est loin d'être tout.

— Il y a aussi le Conseil d'État et la Cour des Comptes, dit Gaston.

— Et la Cour de cassation, ajouta Henri.

— Je vois bien à quoi tu pensais, Henri, dit M. Duval. Tu constates que Paris renferme les grandes institutions qui appartiennent à la France entière, par exemple les tribunaux suprêmes, sans compter la Cour d'appel et le tribunal civil, qui ne sont pas non plus des institutions communales. A Paris se trouvent aussi les grands musées qui contiennent d'incomparables collections d'objets d'art, le Conservatoire de musique, le Théâtre français, l'École des beaux-arts, la Bibliothèque nationale, et autres institutions qui, quoique installées à Paris, appartiennent à la France entière, mais contribuent à l'éclat de la capitale. Il faut encore mentionner l'Institut de France, la Sorbonne et les autres facultés, le Muséum d'histoire naturelle et beaucoup d'autres établissements que nous visiterons peu à peu.

— Je savais bien, avant de l'avoir vu, dit Gaston, que Paris n'est pas une ville comme une autre.

— Elle a deux millions d'habitants et une superficie de 78 kilomètres carrés, s'écria Henri.

— Oh! je ne parle pas de sa grandeur, répondit son cousin; une ville pourrait être grande, et belle, et riche, et glorieuse, et enviée, tout comme Paris, sans être une capitale. Voici ce qui me frappe: dans une commune ordinaire, il y a l'autorité municipale; dans un chef-lieu, il y a en outre l'autorité départementale; dans la capitale, il a encore, et au-dessus de tout, l'autorité gouvernementale. Voilà trois autorités dont je voudrais savoir distinguer l'action. C'est bien difficile, n'est-ce pas, mon oncle?

— Il me semble que non, répondit celui-ci. Chaque autorité a sa sphère distincte, fixée par les lois, et ce sont les lois aussi qui règlent les rapports entre les autorités. »

On causa longuement de Paris considéré comme capitale. L'un dit que Paris est comme un résumé de la France, — Gaston a même dit: la synthèse de la France, — car plus de la moitié des habitants sont nés dans les départements. A quoi M. Duval ajoute que les grands pouvoirs, le Sénat et la Chambre des députés se composent de représentants des départements. Henri, voulant dire son mot, s'écrie que Paris est la capitale du goût ; mais M. Duval met fin à la conversation en disant qu'on aura encore plus d'une fois, dans les entretiens ultérieurs, l'occasion de constater que Paris était la capitale de la France et que la législation en avait tenu compte, qu'il n'était même pas nécessaire de le répéter à chaque instant, chacun le sentant bien tout seul.

CHAPITRE II

LA VILLE, L'ÉTAT ET LE DÉPARTEMENT.

On fit naturellement beaucoup de promenades, les Duval faisant à leur jeune et intelligent parent les honneurs de Paris. On lui montra les boulevards, les grandes avenues, les rues les plus intéressantes, les magnifiques quais et tant d'autres choses qui frappent par leurs dimensions, par leur utilité ou par leur beauté. Plusieurs fois il arriva qu'en entrant dans une de ces larges voies de communication bordées de maisons grandes comme des palais, souvent toutes neuves encore, Henri s'écriait : « Je me rappelle bien qu'il y avait ici de vilaines petites rues, » et Gaston de demander des détails. Et comme la plupart de ces avenues avaient profité des subventions de l'État, on arrivait ainsi à parler des rapports de l'État et du département avec l'administration de la ville de Paris.

Gaston savait, depuis les conversations qu'il avait suivies très régulièrement chez M. Lefèvre, à Monteau, que l'État et le département donnent souvent des subventions pour l'instruction primaire, les chemins vicinaux et d'autres besoins généraux et communaux [1], mais il lui semblait que les subventions n'avaient pas toujours à Paris le même caractère.

En quoi M. Duval lui donnait raison. « Ailleurs, disait-il, généralement on subventionne les communes pauvres, soit pour leur donner le nécessaire, soit pour les aider à réaliser un progrès ; à Paris, l'intervention de l'État a des motifs variés. Quelquefois ce n'est que le simple accomplissement d'un devoir ; s'il rebâtit l'hôtel des postes, c'est qu'on y logera un service de l'État. Mais la ville contribue pour sa part à cette construction, car on y installera des services

1. Voy. les volumes LE DÉPARTEMENT et LA COMMUNE, dans la collection des *Entretiens familiers*.

qui lui profiteront directement, et en contribuant à la dépense, elle peut exercer une influence sur le choix d'un emplacement, — question très importante, — et sur d'autres circonstances encore. Quelquefois l'État subventionne pour obtenir des embellissements, chaque nation désirant pouvoir montrer sa capitale sans avoir à en rougir. « Je sais bien, ajoute M. Duval, qu'on peut tout exagérer, et j'accorde volontiers qu'on a exagéré ; lorsqu'on démolissait avec zèle, j'aurais voulu pouvoir y mettre un frein, mais, maintenant que c'est rebâti, j'en jouis avec satisfaction.

« Dans d'autres cas, l'intervention de l'État est nécessaire par des raisons de législation générale. Par exemple, Paris est situé sur la Seine qui est un fleuve ; or, les cours d'eau navigables appartiennent à l'État, celui-ci intervient donc quand la ville élève des quais ou construit des ponts. Il est à remarquer que l'État entretient les ponts sur lesquels passent des voitures, tandis que la ville entretient les ponts de piétons. Ces passerelles ne sont pas de la grande voirie. D'ailleurs, à Paris, toutes les rues sont soumises au régime de la grande voirie, ce qui veut dire que les décisions qui les concernent sont prises par le préfet de la Seine en qualité de préfet et non en qualité de maire. »

Gaston ne comprenant pas bien, M. Duval dut lui dire que l'administration d'une ville comme Paris était compliquée et qu'il ne pourrait saisir qu'avec le temps l'agencement des nombreux services qui la composent. Pour le moment, il suffisait de dire qu'à Paris lès préfets exercent en partie les pouvoirs des maires. « Un certain nombre de personnes, dit M. Duval, voudraient que les pouvoirs des préfets leur fussent enlevés et conférés à un maire central de Paris ; mais les hommes qui ont le plus étudié cette question trouvent qu'elle est très loin d'avoir l'importance qu'on lui attribue. Au fond, ce n'est qu'un mot. Le maire de Paris sera toujours nommé par le gouvernement ; or, s'il est d'avis que les deux fonctions doivent être réunies, qu'il nomme le préfet *maire*, ou qu'il nomme le maire *préfet*, n'est-ce pas blanc bonnet ou bonnet blanc ?

— Les conseillers municipaux de Paris sont conseillers généraux, dit Henri, et les conseillers généraux de Paris sont ses conseillers municipaux.

— Nous verrons une autre fois, dit M. Duval, ce qu'il faut penser de cette combinaison ; nous comprenons déjà que la qualité de capitale peut imposer à Paris des privations, mais que ces privations sont très largement compensées par des avantages de premier ordre. Le gouvernement intervient plus souvent à Paris que, par exemple, à Bordeaux ou à Marseille ; c'est que les intérêts à protéger à Paris sont bien autrement grands ; d'autre part, la qualité de capitale que possède leur ville impose aux Parisiens des devoirs exceptionnels.

— On pourrait donc dire, fit observer Gaston, qu'un Parisien a autant de droits que tout autre Français, mais qu'il a plus de devoirs.

— C'est ça, mon garçon, je reconnais bien là ma pensée. Du reste, le gouvernement a aussi des devoirs spéciaux envers Paris; il contribue pour sa part à certaines dépenses d'utilité publique (le pavé, la police, etc.), et il fait son possible pour l'embellir ou l'enrichir de monuments. »

CHAPITRE III

LES DEUX PRÉFETS.

On revenait d'une promenade au Jardin des Plantes, et en descendant la Seine en bateau-omnibus, M. Duval eut l'occasion de montrer à son neveu à droite l'hôtel de ville, et à gauche la préfecture de police. On ne vit pas grand'-chose de ces deux monuments, même en se tenant debout sur le pont du bateau; mais l'esprit de Gaston était tendu aux matières administratives, et il profita de l'occasion pour demander à son oncle pourquoi il y avait deux préfets à Paris, et quelles étaient les attributions de chacun d'eux.

Henri prétendit savoir pourquoi il y avait deux préfets dans Paris.

« Et pourquoi ?

— Parce que c'est la capitale.

— J'aurais plutôt pensé, fit Gaston, parce que Paris compte deux millions d'habitants ; l'administration d'une aussi grande ville doit donner trop de besogne à un seul préfet.

— Vous avez raison tous les deux, déclara M. Duval. Un préfet unique du département de la Seine aurait une tâche immense, surhumaine. Il est évident qu'il ne pourrait pas tout faire par lui-même ; il devrait déléguer une partie importante de son autorité aux agents sous ses ordres, et il porterait la responsabilité de leurs décisions. On a préféré nommer deux préfets pour que la responsabilité fût plus directe.

— Mon père m'a souvent dit, fit remarquer Gaston, que la responsabilité est une garantie de bonne administration.

— Je suis complètement de son avis, répondit M. Duval.

— Est-ce qu'il y a toujours eu deux préfets à Paris ?

— On peut répondre par oui. La loi du 28 pluviôse an VIII (17 février 1800), qui créa les préfets, en institua deux, c'est-à-dire plaça à côté du préfet de la Seine un préfet de police qui, selon la teneur de l'article 16 de cette loi, n'exerçait ses pouvoirs que dans la ville de Paris. Un arrêté du premier consul, du 12 messidor, montre que ces pouvoirs n'étaient pas ceux d'un maire, mais ceux d'un préfet, et un arrêté du 3 brumaire an IX les étend à tout le département de la Seine, et même à Saint-Cloud, Meudon et Sèvres, communes situées dans Seine-et-Oise. Voilà bien deux préfets.

« Toutefois le premier consul, qui fut plus tard Napoléon Ier, n'a pas inventé ce dualisme. Dès le XIIe siècle, il y avait à Paris un prévôt de Paris à côté du prévôt des marchands, et lorsque, par la suite des temps, le prévôt de Paris eut absorbé les attributions du prévôt des marchands, il eut deux aides : un lieutenant civil et un lieutenant criminel. On doit croire qu'un simple lieutenant du prévôt n'y put suffire, car, à partir de 1677, nous trouvons à côté du prévôt un lieutenant de police, dont les pouvoirs, il est vrai, s'étendirent en dehors de Paris.

— On trouve tout cela dans l'histoire de Paris, dit Henri, c'est une histoire très dramatique celle-là, elle est souvent émouvante.

— Oui, c'est vrai, confirma Gaston, et avec cela l'histoire de Paris est souvent l'histoire de France. Mais mon père ne veut pas que je lise l'histoire comme un conte, pour m'amuser, mais que je saisisse l'enchaînement des causes et des effets, que je voie comment les faits se développent. Un événement en fait naître un autre. L'administration aussi n'est pas venue au monde en un jour, toute complète, comme elle l'est aujourd'hui. Toi-même, mon oncle, tu viens de me dire que la loi de l'an VIII a été développée par deux arrêtés. On ne pense pas toujours à tout ; il faut du temps pour que les choses mûrissent.

— D'ailleurs de nouveaux besoins se font sentir.

— On peut aussi se tromper.

— Hélas, oui.

— Eh bien ! cher oncle, dis-moi comment on a partagé la besogne entre les deux préfets, et surtout comment cela est arrivé.

— Je vois, Gaston, que tu voudrais suivre l'histoire de l'administration préfectorale, à Paris, depuis l'an VIII.

— C'est cela, mon oncle.

— Nous tâcherons de te satisfaire. Nous voici au pont de la Concorde ; nous allons débarquer, traverser les Champs-Élysées et rentrer. Je prendrai le *Bulletin des lois* pour ne rien omettre d'essentiel. »

Quand on fut bien installé dans le cabinet de M. Duval, les volumes disposés sur le bureau, tout prêts à rendre service, on se demanda par quel préfet il fallait commencer. Ces deux fonctionnaires sont de même rang ; ils sont tous les deux à la fois préfet du département et maire de Paris ; seulement le préfet de la Seine a le pas sur le préfet de police ; M. Duval, cependant, fut d'avis de commencer par la préfecture de police, dont les attributions semblent plus faciles à comprendre et à retenir.

Henri pensait qu'il savait bien ce qu'était la police ; mais son père ne fit pas attention à son observation, prit le volume de l'an VIII et l'ouvrit à la page où commence l'arrêté du 12 messidor, qui énumère les attributions du préfet de police. Après avoir dit que le préfet de police est sous l'autorité immédiate des ministres et qu'il pourra rendre des ordonnances, l'arrêté distingue entre « la police générale », celle dont il est chargé comme préfet, et « la police municipale, » celle qu'il exerce comme maire. La police générale comprend tout ce qui est relatif à la sécurité et à la tranquillité publique ; la police municipale embrasse la petite voirie, la salubrité publique, les incendies, inondations et autres accidents ou calamités, la sûreté du commerce, la circulation des denrées alimentaires et en général tout ce qui regarde les subsistances, la surveillance des places et lieux publics, la protection et la préservation des monuments et édifices publics.

« L'arrêté, ajoute M. Duval, entre dans de nombreux détails, que nous retrouverons, quand nous nous mettrons à approfondir les choses. Nous verrons cependant que cette division en *générale* et *municipale* laisse beaucoup à désirer.

— Il n'est pas question ici des voleurs et autres malfaiteurs, dit Henri ; j'ai cru que le préfet de police pouvait les faire arrêter pour les livrer à la justice.

— C'est que ce droit, ou ce devoir, repose sur une autre loi. Il faut distinguer entre la police administrative (générale et municipale) et la police judiciaire. La police administrative cherche à prévenir, autant que possible, les actes criminels, la police judiciaire en provoque la punition. C'est l'article 10 du Code d'instruction criminelle qui charge le préfet de police de faire, ou de provoquer, « tous actes nécessaires à l'effet de constater les crimes, délits et contraventions, et d'en livrer les auteurs aux tribunaux chargés de les punir. »

— Et quels sont les changements que cette législation a subis depuis lors ? demanda Gaston.

— La loi de l'an VIII et l'arrêté du 12 messidor ne parlent que de la ville de Paris ; l'arrêté du 3 brumaire an IX étend à l'ensemble du département les pouvoirs du préfet de police, et y joint les communes de Saint-Cloud, Meudon et Sèvres ; mais pour ces trois communes, auxquelles une loi de 1850 (7 août) ajouta Enghien, le préfet de police partage ses pouvoirs avec les maires. La loi du 10 juin 1853, tout en laissant intacts les pouvoirs du préfet de police à Paris, les restreignit au profit des maires des communes situées dans le département de la Seine. L'article 2 de la loi de 1853 est ainsi conçu :

Art. 2. Toutefois, les maires des communes du département de la Seine resteront chargés, sous la surveillance du *préfet de la Seine*, et sans préjudice des attributions, tant générales que spéciales, qui leur sont conférées par les lois, de tout ce qui concerne la petite voirie, la liberté et la sûreté de la voie publique, l'établissement, l'entretien et la conservation des édifices communaux, cimetières, promenades, places, rues et voies publiques ne dépendant pas de la grande voirie, l'éclairage, le balayage, les arrosements, la solidité et la salubrité des constructions privées, les mesures relatives aux incendies, les secours aux noyés, la fixation des mercuriales, l'établissement et la réparation des fontaines, aqueducs, pompes et égouts, les adjudications, marchés et baux.

« Tout cela, ajoute M. Duval, c'est de la police municipale et de l'administration en général, mais ce n'est pas de la police générale, ni de la police judiciaire ; ces deux attributions, le préfet de police les a conservées.

« Vint ensuite le décret du 10 octobre 1859.

— Il s'agit toujours du préfet de police ? dit Gaston.

— On peut dire qu'il s'agit des deux préfets, car ce décret du 10 octobre fait passer dans les attributions du préfet de la Seine certaines attributions qui avaient jusqu'alors appartenu aux préfets de police. »

Henri voudrait savoir pourquoi on a fait ce changement et Gaston demande en quoi il consiste.

« Vous me demandez à la fois deux choses différentes, dit M. Duval ; je vais d'abord répondre à Henri. La loi du 16 juin 1859 venait de porter les limites de Paris « jusqu'au pied du glacis de l'enceinte fortifiée », il fallait adapter l'administration au nouveau Paris. Sur certaines questions de voirie et de marché, chacune des deux préfectures avait une part d'influence qu'il n'était pas toujours aisé de délimiter; or, l'extension de Paris allait donner beaucoup de besogne à l'autorité, car la banlieue annexée avait besoin de nombreuses améliorations ; il y aurait eu des difficultés; on pensa donc qu'il y aurait avantage à réunir, autant que possible, entre les mêmes mains l'ensemble des soins à consacrer à certains services complexes. Voilà une première raison, mais il y en a peut-être une seconde. Si, alors, on se décidait à enlever des attributions administratives au préfet de police, c'était sans doute aussi parce qu'on se proposait de lui confier des attributions politiques plus étendues ; le préfet de police devint, en effet, bientôt directeur de la sûreté publique au ministère de l'intérieur ; ce cumul de places, ou cette combinaison de fonctions, a cessé plus tard, mais on a jugé qu'il convenait néanmoins de maintenir ce qu'avait fait le décret du 10 octobre 1859.

« Tu me regardes, Gaston, comme quelqu'un qui n'est pas satisfait ; ce décret reste un mystère pour toi. Encore un tout petit moment de patience, je dois d'abord résumer les attributions du préfet de la Seine.

— Celles-là, je crois les connaître, ce sont les attributions d'un préfet de département, sauf la police[1], dit Gaston.

— C'est à peu près cela; nous relèverons plus tard les différences. Le préfet de la Seine a la surveillance et la direction des travaux publics, les opérations du recrutement, la mise à exécution des rôles pour le recouvrement des impôts directs, l'instruction primaire, l'exercice de l'action de l'État devant les tribunaux, ainsi que le soin de représenter le département et la ville, la convocation du conseil général et du conseil municipal, la préparation du budget et la présentation du compte, toutes les matières financières, tout ce qui est relatif à l'administration des propriétés départementales ou communales.

« Maintenant, continue M. Duval, je vais répondre à Gaston. Le décret du 10 octobre fait passer dans les attributions du préfet de la Seine la petite voirie[2], l'éclairage, le balayage, l'arrosage de la voie publique, le curage des égouts et des fosses d'aisance ; les permissions pour éta-

1. Voy. le volume LE DÉPARTEMENT, dans la collection des *Entretiens familiers*.

2. La voirie comprend tout ce qui est relatif à la police des voies de communication par terre et par eau. La grande voirie s'applique donc plus particulièrement aux grandes voies : chemins de fer, rivières et canaux, routes nationales, y compris les rues de Paris ; elle est toujours dans les attributions du préfet ; la petite voirie comprend les chemins vicinaux et les rues autres que celles qui font suite aux grandes routes. Voilà la définition habituelle, mais elle ne s'applique pas bien à Paris. Il semble qu'à Paris, la grande voirie, c'est plus particulièrement la viabilité, et la petite, c'est la sécurité des rues. La distinction n'est pas toujours tranchée.

blissements sur la rivière, les canaux, les ports ; les traités et tarifs concernant les voitures publiques et la concession des lieux de stationnement de ces voitures et de celles qui servent à l'approvisionnement des halles et marchés ; la boulangerie et ses approvisionnements ; l'entretien des édifices communaux ; les baux, marchés et adjudications concernant les services administratifs de la ville de Paris.

— Il me semble, mon oncle, qu'il y a là, dans le nombre, bien des attributions qui sont étrangères à la police ; on a donc bien fait de les rendre au préfet de la Seine, auquel elles revenaient naturellement. Le tarif d'un droit, par exemple, n'est pas une question de police.

— C'est aussi mon avis. Toutefois, mon cher Gaston, la part des besoins de la police a été faite par le décret de 1859, car il ajoute des prescriptions que je vais relever. Lorsque ces baux intéressent la circulation, l'entretien, l'éclairage de la voie publique et la salubrité, ils doivent être soumis au préfet de police, avant d'être présentés au conseil municipal. Les marchés et adjudications relatifs aux services spéciaux de la préfecture de police continuent à être passés par le préfet de police. Nous retrouverons d'autres dispositions en continuant nos causeries, mais je crois que vous pourrez dès maintenant distinguer, du moins en gros, les attributions des deux préfets. »

Les deux jeunes gens répondirent affirmativement. Cependant Gaston aurait bien voulu poser encore une question, mais il craignait de fatiguer son oncle.

« Pose-la toujours, mon garçon, dit M. Duval.

— Est-ce qu'il n'y a pas des pouvoirs que les deux préfets ont l'un et l'autre ?

— Sans doute. Ils ont tous les deux entrée au conseil général et au conseil municipal, ils ont chacun le droit d'ordonnancement, ils élèvent le conflit chacun pour les affaires qui sont dans ses attributions; ils prennent des arrêtés, font des règlements, exercent le pouvoir préfectoral à l'égard des maires, sont subordonnés aux ministres.

— Et lorsqu'ils ne sont pas d'accord relativement à une mesure où le préfet de la Seine doit prendre l'avis du préfet de police ?

— C'est le Ministre de l'intérieur qui décide. »

CHAPITRE IV

LES AGENTS DES PRÉFETS.

Le lendemain, en revenant d'une course, M. Duval surprit Gaston plongé dans de profondes méditations. Il semblait regarder par la fenêtre, mais il était évident qu'il ne voyait pas ce qui se passait dans la rue. Il n'avait pas entendu venir son oncle, qui s'approcha de lui et, lui tapant amicalement sur l'épaule, dit :

« Ta pensée voyage ; où est-elle, mon neveu ?

— Je pensais à la fois à deux choses très différentes, mais qui se ressemblent beaucoup, à une fourmilière et à Paris.

— Et comment cela se ressemble-t-il ? demanda Henri.

— C'est, répondit son cousin, bien simple et tout de même mystérieux. On dit que le plus grand ordre règne dans une fourmilière, et que chaque fourmi connaît et accomplit sa besogne. Les fourmis sont alors plus avancées que nous, qui voyons courir ces petites bêtes toujours pressées, sans connaître leur tâche ; eh bien, je me dis que si tout marche avec régularité dans cette petite cité, c'est qu'il doit y avoir une sorte d'administration.

— Voilà pour la fourmilière ; et Paris ?

— Paris compte quelques centaines de fois autant d'hommes que la fourmilière comprend de fourmis ; de plus, les besoins des hommes, besoins matériels, moraux et intellectuels, sont mille fois plus nombreux, plus variés, plus compliqués, plus délicats, plus subtils, et pourtant cette grande société d'hommes qu'on appelle Paris marche également avec une régularité exemplaire ; on peut s'en extasier autant que de l'ordre dans la société fourmilière.

— C'est que les Parisiens connaissent aussi leur besogne, dit Henri.

— C'est incontestable, du moins dans le plus grand nombre de cas; mais je pense que l'organisation administrative y est pour beaucoup, et que l'administration doit se compliquer de plus en plus au fur et à mesure que les besoins se multiplient. C'est à quoi je réfléchissais tout à l'heure. Il est impossible que les deux préfets puissent faire tout par eux-mêmes, il leur faut des agents; est-il possible, mon oncle, de s'en faire aisément un tableau d'ensemble?

— Aisément, non, répondit M. Duval. Je vais cependant essayer de t'en donner un aperçu général, quitte à entrer plus tard dans de plus amples détails.

« Les agents des deux préfectures font partie, soit des bureaux, soit des services extérieurs (hors bureau); on dit aussi: service sédentaire et service actif. Chaque préfecture a un secrétaire général et se divise en plusieurs sections ou services entre lesquels les attributions sont réparties selon leur nature. Avec une bonne division du travail, toutes les affaires marchent à souhait.

— Si nous examinions une préfecture après l'autre? dit Gaston.

— Commençons donc par la préfecture de la Seine.

« Le secrétariat général s'occupe des rapports avec le

conseil général et le conseil municipal, du personnel, du contentieux et de toutes les affaires intérieures de la préfecture (archives, bibliothèques, etc.).

« La direction des affaires générales se compose de deux sections, divisées chacune en plusieurs bureaux [1] et s'occupant l'une des affaires départementales, l'autre des affaires communales. Cette direction dispose d'agents extérieurs. Parmi ses attributions, je mentionnerai le domaine de la ville, les mairies d'arrondissement, l'état civil, les cimetières.

« La direction de l'enseignement primaire, dont il sera encore beaucoup question. Elle est secondée par des inspecteurs.

« La direction des travaux est chargée des rues, promenades, constructions, eaux, égouts ; elle dirige, comme nous le verrons, un nombreux personnel d'ingénieurs, de conducteurs, de piqueurs, etc., entre lesquels les arrondissements et les quartiers sont répartis, et qui sont soumis à des inspections et des contrôles.

« La direction des finances est chargée de la compta-

1. Le mot bureau a des acceptions très nombreuse : c'est une table d'une certaine forme ; c'est une pièce où travaillent des employés ; c'est une seule division administrative composée d'un chef, d'un sous-chef et d'employés ; c'est, dans une assemblée, la réunion du président et des vice-présidents et secrétaires, y compris les questeurs s'il y en a.

bilité; la caisse municipale, qui est un établissement considérable, puisque des centaines de millions passent annuellement par ses mains, dépend de cette direction.

« Ces indications sommaires suffiront; les détails se trouvent dans l'*Almanach national*. Toutefois je ne puis me dispenser de mentionner au moins les administrations de l'octroi, de l'assistance publique et du Mont-de-Piété, qui ont une si grande importance que nous aurons à leur consacrer des entretiens spéciaux.

— Les agents dépendant de la préfecture, dit Gaston, doivent être bien nombreux?

— Certainement. Mais, ce qui est esssentiel, chacun a sa spécialité et ils sont hiérarchisés.

— Cela veut dire, fit observer Henri, que chacun doit obéir à son chef, et les chefs au préfet.

— La hiérarchie, dit M. Duval, c'est l'organisation extérieure ; l'organisation intérieure consiste en des attributions bien déterminées, chacun sachant ce qu'il doit faire. C'est lorsque chacun remplit sa fonction avec intelligence et dévouement que l'ensemble marche bien, le préfet se bornant à donner l'impulsion, à résoudre les difficultés, à prescrire les mesures à prendre dans les cas nouveaux, à punir la négligence ou les infractions et aussi à récompenser les bons services.

— Le préfet, ajoute Gaston, a aussi d'autres besognes;

par exemple, de représenter l'administration devant le conseil général et le conseil municipal, etc.

— Nous avons maintenant à parler de la préfecture de police.

— Le préfet de police dispose également d'un personnel nombreux, dit Henri.

— Bien entendu, dit M. Duval. L'administration centrale de la préfecture de police a également un cabinet du préfet où se concentrent les affaires politiques et les matières confidentielles; un secrétariat général s'occupant du personnel, du matériel, de la caisse et de la comptabilité; puis deux divisions, l'une plus particulièrement pour la police judiciaire et la police générale, l'autre pour la police municipale, les subsistances, les marchés, la salubrité, etc.

« Les agents extérieurs comprennent les commissaires de police, des inspecteurs, des agents de sûreté, des gardiens de la paix, des sapeurs-pompiers, et une force publique imposante. Les attributions de ce personnel, que nous rencontrerons encore dans nos études, sont également déterminées avec soin, et les agents ont un droit suffisant d'initiative dans ces limites; mais, comme les affaires sont quelquefois difficiles ou délicates, le préfet de police intervient peut-être plus souvent que le préfet de la Seine par les ordres qu'il donne directement.

— Je vois bien tout cela en gros, dit Gaston, mais il faudra l'examiner plus en détail, pour que je me rende bien compte de l'organisation de ces services.

— C'est ce que nous ferons, mon garçon, dit M. Duval ; nous verrons que l'organisation, — c'est-à-dire la subordination hiérarchique et la fixation des attributions, — rend d'énormes services. Peut-être serait-il bon que les préfets pussent se décharger un peu de leur responsabilité sur certains agents auxquels il est indispensable de conférer une plus ample initiative, c'est-à-dire que certains employés devinssent des fonctionnaires ; mais sur ce point tout le monde n'est pas de mon avis. Je pense cependant qu'on ne contestera pas l'utilité de la spécialisation des attributions ; c'est un moyen de faire acquérir l'expérience nécessaire aux agents chargés des services publics. »

CHAPITRE V

LES 20 ARRONDISSEMENTS ET LES 80 QUARTIERS.

Le lendemain on aurait pu voir Gaston courbé sur un plan de Paris pour étudier la situation des arrondissements et des quartiers. Il avait remarqué que Henri, quoique Parisien, connaissait mieux les départements de la France que les arrondissements de sa ville natale. Henri savait seulement qu'il demeurait dans le 8e arrondissement. Gaston trouva bientôt que le 1er arrondissement *(Louvre)* [1] était au centre de Paris et s'étendait le long de la rive droite de la Seine, du Palais-de-Justice à la place de la Concorde (rue Saint-Florentin); qu'au nord du 1er arrondissement, le 2e *(Bourse)* se concentrait entre la rue Neuve-des-Petits-Champs, les anciens boulevards intérieurs et le boulevard de Sébastopol; que le 3e *(Temple)*, situé à l'est du 2e, partait du boulevard de Sébastopol, et suivait les boulevards intérieurs jusqu'à la rue des Vosges, qui est une des suites de la rue Rambuteau ; que le 4e *(Hôtel-de-Ville)* était au sud du 3e jusqu'au quai, et finissait à la place de la Bastille et au boulevard Bourdon. Arrivé là, il comprit que les arrondissements étaient situés en spirale autour du point central, qui était, selon qu'on s'y prenait, le Palais-de-Justice ou les Tuileries.

Une fois qu'on a trouvé le principe, continuant la spirale, on rencontre au sud, en traversant la Seine, le 5e arrondissement *(Panthéon)*; allant vers l'ouest, le doigt passe successivement sur le 6e *(Luxembourg)*, 7e *(Palais-Bourbon)*

1. Les mots en italique placés entre parenthèses indiquent le nom de l'arrondissement.

jusques et y compris le Champ-de-Mars. La spirale tournant vers le nord, traverse la Seine, pour entrer dans le 8e *(Élysée)*; puis, à l'est du 8e, entre les boulevards intérieurs et extérieurs, les 9e *(Opéra)* et 10e *(Enclos-Saint-Laurent)*. Au sud-ouest du 10e est le 11e *(Popincourt)*, et avec le 12e *(Reuilly)*, situé entre la rue du Faubourg-Saint-Antoine et le quai, nous atteignons l'extrémité sud-est de Paris. Les huit autres arrondissements entourent Paris et sont limités à l'extérieur par les fortifications. Voici leurs numéros, en continuant vers l'ouest, à partir du 12e arrondissement. Au sud de Paris : les 13e *(Gobelins)*, 14e *(Observatoire)* et 15e *(Vaugirard)*; à l'ouest : le 16e *(Passy)*; au nord : les 17e *(Batignolles)*, 18e *(Montmartre)* et 19e *(Buttes-Chaumont)*; à l'est : le 20e *(Ménilmontant)*.

Voilà les 20 arrondissements de Paris. Gaston trouvait à leur étude plus de plaisir que Henri, qui regardait, lui aussi, le plan de Paris. Il aimait mieux montrer Auteuil dans le 16e, Grenelle dans le 15e, Belleville dans le 20e arrondissement ; ou il signalait la porte Saint-Denis dans le 10e, Bercy et les Quinze-Vingts dans le 11e arrondissement, ou d'autres choses qui le frappaient. Gaston, de son côté, aurait mieux aimé connaître les 4 quartiers dont chaque arrondissement se compose, mais son plan ne les marquait pas. M. Duval eut l'obligeance de lui en donner la liste. La voici :

1er ARRONDISSEMENT. — LOUVRE. — 71,613 HABITANTS.

Saint-Germain-l'Auxerrois. — Halles. — Palais-Royal. — Place-Vendôme.

2e ARRONDISSEMENT. — BOURSE. — 77,768 HAB.

Gaillon. — Vivienne. — Mail. — Bonne-Nouvelle.

3e ARRONDISSEMENT. — TEMPLE. — 90,797 HAB.

Arts-et-Métiers. — Archives. — Enfants-Rouges. — Sainte-Avoye.

4e ARRONDISSEMENT. — HOTEL-DE-VILLE. — 98,289 HAB.

Saint-Merri. — Saint-Gervais. — Arsenal. — Notre-Dame.

5e ARRONDISSEMENT. — PANTHÉON. — 104,374 HAB.

Saint-Victor. — Jardin-des-Plantes. — Val-de-Grâce. — Sorbonne.

6e ARRONDISSEMENT. — LUXEMBOURG. — 97,631 HAB.

Monnaie. — Odéon. — Notre-Dame-des-Champs. — Saint-Germain-des-Prés.

7e ARRONDISSEMENT. — PALAIS-BOURBON. — 83,672 HAB.

Saint-Thomas-d'Aquin. — Invalides. — École-Militaire. — Gros-Caillou.

8e ARRONDISSEMENT — ÉLYSÉE. — 83,993 HAB.

Champs-Élysées. — Roule. — Madeleine. — Europe.

9e ARRONDISSEMENT. — OPÉRA. — 115,689 HAB.

Saint-Georges. — Chaussée-d'Antin. — Montmartre. — Rochechouart.

10e ARRONDISSEMENT. — ENCLOS-SAINT-LAURENT. — 142,964 HAB.

Saint-Vincent-de-Paul. — Porte-Saint-Denis. — Porte-St-Martin. — St-Louis.

11e ARRONDISSEMENT. — POPINCOURT. — 181,111 HAB.

Folie-Méricourt. — Saint-Ambroise. — La Roquette. — Sainte-Marguerite.

12e ARRONDISSEMENT. — REUILLY. — 93,537 HAB.

Bel-Air. — Picpus. — Berry. — Quinze-Vingts.

13e ARRONDISSEMENT. — GOBELINS. — 73,134 HAB.

Salpêtrière. — Gare. — Maison-Blanche. — Croulebarbe.

14e ARRONDISSEMENT. — OBSERVATOIRE. — 75,427 HAB.

Montparnasse. — Santé. — Petit-Montrouge. — Plaisance.

15e ARRONDISSEMENT. — VAUGIRARD. — 78,549 HAB.

Saint-Lambert. — Necker — Javel. — Grenelle.

16e ARRONDISSEMENT. — PASSY. — 48,299 HAB.

Auteuil. — Muette. — Porte-Dauphine. — Bassins.

17e ARRONDISSEMENT. — BATIGNOLLES. — 116,682 HAB.

Ternes. — Plaine-Monceaux. — Batignolles. — Épinettes.

18e ARRONDISSEMENT. — MONTMARTRE. — 153,264 HAB.

Grandes-Carrières. — Clignancourt. — Goutte-d'Or. — La Chapelle.

19e ARRONDISSEMENT. — BUTTES-CHAUMONT. — 98,367 HAB.
La Villette. — Pont-de-Flandre. — Carrières-d'Amérique. — Le Combat.

20e ARRONDISSEMENT. — MÉNILMONTANT. — 100,738 HAB.
Belleville. — Saint-Fargeau. — Père-Lachaise. — Charonne.

Gaston en revint plusieurs fois à son plan de Paris et bientôt il en aurait remontré à plus d'un Parisien. Mais il ne lui suffisait pas de savoir dans quel arrondissement était le quartier de la Muette, ou le quartier de Picpus, ou le quartier des Arts-et-Métiers, il voulait être renseigné sur la signification de ces divisions administratives. Alors M. Duval lui dit que dans chaque arrondissement il y avait un maire et des adjoints et une justice de paix ; dans (presque) chaque quartier, un commissaire de police. Chaque quartier nomme aussi un membre au conseil municipal.

« Ne m'as-tu pas dit, mon oncle, que les préfets se partageaient les attributions de la mairie de Paris; que reste-t-il donc à faire aux maires des arrondissements ?

— Plus que tu ne penses ; eux et leurs adjoints sont passablement occupés, même beaucoup pour des fonctionnaires non rétribués.

— Ce sont eux qui marient les gens, dit Henri.

— Ils sont chargés de l'état civil, expliqua M. Duval.

— C'est en effet de la besogne dans une aussi grande ville, fit Gaston.

— Je le crois bien, dit Henri ; je vois là, — il tenait à la main l'*Annuaire* Guillaumin, — qu'il y a à Paris, dans une année, plus de 55,000 naissances, 18 à 19,000 mariages, 45 à 46,000 décès. Il y a des actes à dresser et des expéditions à délivrer.

— Ils ne font pas eux-mêmes toutes ces écritures, objecta Gaston.

— Ils ont des bureaux, où des employés nommés par le préfet de la Seine préparent le travail ; mais le maire ou un adjoint intervient et vérifie, et pour les mariages, qui sont des actes solennels, ils ne peuvent pas se faire remplacer. Du reste les décès doivent être vérifiés par des médecins spéciaux que la ville rétribue.

— Voilà pour l'état civil, dit Gaston ; que font-ils en outre ?

— La liste de recrutement et les listes électorales ; ils préparent les élections, comme dans toute autre commune.

— Oh ! je connais cela[1], dit Gaston. Est-ce tout, cher oncle ?

— Pas encore. Il (le maire ou un adjoint) est membre de la commission qui assiste le juge de paix dans le choix des citoyens qui doivent figurer sur la liste des jurés.

— Quelles sont les autres membres de la commission ?

— Le conseiller général. A Paris c'est l'un des conseillers

1. Voy. les volumes LA FRANCE et LA COMMUNE, dans la collection des *Entretiens familiers*.

municipaux, — les conseillers municipaux étant en même temps conseillers généraux, — de plus quatre citoyens habitant l'arrondissement, soit un par quartier. Je crois qu'on en nomme quelquefois plusieurs pour être mieux renseigné.

— Ainsi, dit Gaston, la liste générale des jurés pour chaque arrondissement est préparée par le juge de paix, le maire, un conseiller général et quatre citoyens au moins?

— C'est cela, répondit M. Duval.

— Et les autres attributions du maire d'arrondissement?

— Il est membre du conseil de fabrique.

— Comme dans les autres communes.

— S'il y a plusieurs paroisses dans le même arrondissement, le maire, ou un adjoint, peut être de plusieurs conseils de fabrique.

— Je comprends cela; il représente la commune civile dans la paroisse, qui est une commune religieuse; c'est une obligation de sa fonction de maire.

— C'est bien expliqué, mon neveu. Le maire a encore des fonctions très importantes dans l'instruction primaire. C'est lui qui propose au préfet, ou au conseil départemental, les délégués cantonaux, qui les convoque et les préside. Il est le premier des délégués de l'autorité pour la surveillance de l'enseignement primaire, il provoque de nouvelles créations d'écoles ou de classes ainsi que l'amélioration des locaux; il donne des bulletins d'admission aux écoles publiques; il préside à la distribution des prix, aux examens pour délivrance de certificats d'études ou pour l'obtention de bourses; il est l'organe naturel de l'arrondissement pour tout ce qui concerne l'instruction primaire.

— Il me semble, dit Gaston, que c'est tout?

— Pour l'instruction primaire, à peu près. Mais le maire est encore président du bureau de bienfaisance.

— Oh! je connais l'organisation des bureaux[1].

— Nous aurons d'ailleurs à y revenir quand nous parlerons de l'assistance publique. Le maire a enfin ses attributions en matière d'impôts, il intervient en cas de réclamation sur l'impôt des patentes. Enfin c'est lui qui délivre les certificats et légalise les signatures, ce qui n'est nullement une attribution sans importance.

— Mais, cher oncle, on m'avait dit qu'un maire d'arrondissement n'avait rien à faire, à Paris; je vois qu'on a exagéré de beaucoup.

— Il est déchargé de ce qui regarde la police, les finances, la voirie et de toutes les mesures qui ne peuvent pas

1. Voyez le volume LA COMMUNE, dans la collection des *Entretiens familiers*.

se scinder par circonscriptions. S'il n'a pas tous les pouvoirs effectifs du maire des communes ordinaires, il en a toute l'autorité morale. Voyons, essaie de récapituler les attributions du maire d'arrondissement ?

— Le maire, dit Gaston, est officier d'état civil, il légalise les signatures, surveille l'instruction primaire, préside le bureau de bienfaisance, assiste aux délibérations du conseil des fabriques, prépare le tableau du recrutement et les listes électorales, coopère à la formation de la liste du jury; il est, en somme, le représentant du préfet dans l'arrondissement, dans la mesure de la délégation qu'il peut en recevoir.

— Le maire et ses trois adjoints, ajoute Henri, sont nommés par décret.

— Je le pense bien, dit Gaston, puisque tous les maires des chefs-lieux sont nommés par le gouvernement. Mais ils sont choisis parmi les membres du conseil municipal.

— Sauf à Paris, fait remarquer M. Duval. A Paris il y a même incompatibilité entre les fonctions de maire et de membre du conseil municipal. Le maire doit obéir au préfet, tandis que le conseiller municipal doit le contrôler : on ne peut pas à la fois obéir et contrôler, cela s'exclut.

— Les membres du conseil sont élus...

— Un par quartier, ajoute Henri.

— Est-ce que le quartier n'a pas d'autre utilité ?

— C'est une circonscription qu'on utilise pour la commodité des services administratifs et aussi pour la plus juste répartition, soit des charges, soit des avantages qui se distribuent entre les citoyens ou entre les diverses parties de la ville. Par exemple, on choisit au moins un délégué ou un représentant par quartier, quand il en faut au moins quatre par arrondissement, parce qu'on peut présumer qu'un habitant du quartier en connaît mieux les besoins, qu'il en défendra mieux les intérêts et aussi parce qu'il est bon que l'autorité ait partout des hommes qui jouissent de sa confiance et qui la méritent notoirement. »

CHAPITRE VI

LE CONSEIL MUNICIPAL.

« La prescription, dit Gaston en continuant la conversation, qui fait nommer un membre par quartier est spéciale à Paris (et à Lyon, loi de 1873) ; ailleurs, l'élection se fait par scrutin de liste. Dans les petites communes, la liste contient autant de noms que le conseil municipal compte de membres; dans les grandes on établit plusieurs sections, nommant chacune plusieurs membres. Je comprends que personne n'aurait pu trouver 80 noms, mais n'aurait-on pas pu faire nommer quatre conseillers par arrondissement, au scrutin de liste?

— Certes, dit M. Duval, on l'aurait pu, mais sans profit pour la composition du conseil. Que doit-on désirer? Évidemment que tous les intérêts importants des habitants soient représentés. C'est un problème très difficile à résoudre. Des hommes très intelligents, et d'autres qui avaient plus d'imagination que de raison ou d'expérience en ont cherché la solution, mais toutes leurs propositions soulèvent des objections souvent très fortes ; toutes sont compliquées, ce qui est un tort très grave en matière légale ou administrative. La solution qui a prévalu (loi de 1871), si elle n'est pas parfaite, a du moins un mérite de premier ordre : la simplicité. Contentons-nous-en.

— Mais, père, dit Henri, le *mieux* n'est-il pas l'ennemi du *bien*?

— Il l'est *quelquefois*, mon fils; s'il l'était toujours, il n'y aurait pas de progrès. Ce dicton est une simple boutade adressée à ceux qui modifient sans améliorer.

— Mon oncle, dit Gaston, qui n'avait pas prêté d'attention à la petite digression provoquée par la réflexion de Henri, le conseil municipal de Paris doit avoir fort à faire, dans une aussi grande ville, s'il n'a, comme dans les autres communes, que quatre sessions par an.

— Pour l'occupation, mon neveu, elle ne manque pas; il y a bien 120 à 140 séances par an. Pourtant la loi du 14 avril 1871 a un article ainsi conçu : « Le conseil municipal tiendra, comme les conseils des autres communes, quatre sessions ordinaires, dont la durée ne pourra pas excéder dix jours, sauf la session ordinaire où le budget sera discuté, et qui pourra durer six semaines. » Cela ne fait pas le compte, n'est-ce pas, Gaston? Mais il y a les sessions extraordinaires. Chaque fois que le préfet a besoin d'un vote du conseil, et ce besoin est fréquent, il use de son droit de le convoquer. Aussi, parfois les « sessions extraordinaires » ne sont fixées qu'à la durée d'un jour.

— La durée est toujours fixée d'avance?

— Toujours. Les sessions extraordinaires sont si bien prévues par la loi de 1871, que son article 12 est ainsi conçu : « Au commencement de chaque session ordinaire, le conseil nommera au scrutin secret et à la majorité son président, ses vice-présidents et ses secrétaires. *Pour les sessions extraordinaires qui seront tenues dans l'intervalle, on maintiendra le bureau de la dernière session ordinaire.*

— Lorsque j'ai dit tout à l'heure, reprend Gaston, que

le conseil municipal de Paris avait fort à faire, je pensais qu'il avait les mêmes attributions, les mêmes pouvoirs que tout autre conseil municipal. Je ne me trompais pas ?

— Tu ne te trompais pas. Les lois de 1867 (24 juillet) et 1871 (14 avril) ont fait disparaître les restrictions qui avaient été maintenues, au moins partiellement.

— Tu connais donc les attributions des communes, toi ? demanda Henri à Gaston, non sans quelque étonnement.

— Ce n'est pas si difficile, cela, répondit Gaston. Tu n'as qu'à lire le petit livre de nos *Entretiens familiers*, intitulé LA COMMUNE, que j'ai apporté, tout y est. Tu verras que le conseil règle souverainement, c'est-à-dire sans aucun empêchement ni appel, une partie de l'administration communale, que pour d'autres il doit être d'accord avec le maire, — à Paris avec le préfet ; — que dans d'autres cas encore il décide aussi, mais le préfet peut ne pas donner son approbation ; il la refuse d'ailleurs rarement, et seulement dans des cas graves. Enfin le conseil est consulté pour des matières qui sont dans les attributions de l'État, mais sans que l'autorité supérieure soit tenue de suivre l'avis du conseil. Tu trouveras tous les détails dans le petit livre de LA COMMUNE.

— Quand on y réfléchit bien, dit M. Duval, on s'étonne que certaines personnes parlent du peu d'attributions qu'auraient les communes en France[1]. Ces personnes ont peut-être sous les yeux les conseils municipaux de petits villages où il y a peu d'affaires, où d'ailleurs les habitants ne connaissent pas leurs droits, ou ne sont pas très ardents à les exercer. Mais à Paris, la situation est bien différente : les affaires sont nombreuses et souvent très considérables, il y a des votes qui disposent de millions, même de plusieurs centaines de millions à la fois ; puis, nos conseillers savent user de la totalité de leurs droits et ne s'en privent pas. Ce n'est pas sans raison qu'ils se réunissent en fait tous les deux ou trois jours, sans compter les rapports, les études, les enquêtes, qu'ils rédigent chez eux, et les recherches qu'ils font dans l'intervalle des séances.

— Mon père, répliqua Gaston, dit toujours qu'il faut connaître ses droits et les exercer, mais il ne manque pas d'ajouter, en élevant la voix : Il faut aussi connaître ses devoirs et les remplir.

— Puisque tu es si bien au courant, mon neveu, je veux te communiquer une réflexion qui m'est parfois venue. C'est une simple idée, bonne ou mauvaise, je ne sais.....

— J'écoute, mon oncle.

— J'ai pensé que notre conseil municipal, tout en

1. Ces personnes se sont peut-être renseignées dans les livres d'il y a cinquante ans et ne connaissent ni la loi de 1837, ni celle de 1867.

n'étant pas spécialement favorisé par la loi, a néanmoins une influence effective et très réelle, plus grande que tout autre conseil municipal en France.

— Et comment cela, mon oncle ?

— Par la simple raison qu'il travaille directement avec le préfet.

— Je ne comprends pas bien.

— Je vais m'expliquer. Quelques personnes voudraient qu'il y eût à Paris un « maire central ». S'il y avait un maire central, c'est lui qui se rendrait aux séances du conseil municipal, c'est avec lui que les conseillers débattraient leurs propositions ; mais, en le convertissant à leur manière de voir, ils n'auraient pas encore gain de cause. Les matières qui ont besoin de l'assentiment de l'autorité supérieure seraient soumises, par le maire, au préfet, et rencontreraient souvent un homme qui juge les questions à un autre point de vue. Il serait moins l'homme de la municipalité, que l'homme de l'État.

« Or à Paris, le maire et le préfet c'est la même personne ; si la discussion à laquelle ce fonctionnaire prend part en qualité de maire porte la conviction dans son esprit, quand ce même homme fera fonction de préfet, il sera sous l'influence de la conviction acquise et il approuvera sans délai des mesures en face desquelles il aurait bien pu hésiter s'il les avait seulement étudiées dans un froid résumé, au lieu d'avoir reçu l'impression d'une chaude parole et d'une vivante argumentation.

— Cela me rappelle le proverbe : Il vaut mieux avoir affaire au bon Dieu qu'à ses saints, dit Henri.

— Mais que peut-on dire en faveur du maire central ? demanda Gaston.

— Je crois, répondit M. Duval, que les partisans d'une mairie centrale, ou au moins quelques-uns d'entre eux, se représentent le maire central comme élu par les populations, puis muni de pouvoirs absolus, n'ayant besoin d'aucune approbation préfectorale.

— De qui est l'exagération, mon oncle ?

— C'est peut-être moi qui exagère ; mais, comme on ne m'a jamais donné de raison en faveur de cette idée, il faut bien que j'en trouve une, et je la cherche naturellement parmi les opinions exagérées. Ce sont habituellement les jeunes gens qui n'ont pas eu encore le temps d'étudier et de faire d'expérience qui ont ces idées exagérées. Ils ont de bonnes intentions, cela va sans dire, mais les bonnes intentions n'empêchent pas les erreurs fatales.

— La souveraineté, dit mon père, ne peut appartenir qu'à l'ensemble de la nation, et non à une partie de la nation, qu'elle s'appelle commune, département ou autrement. C'est là un principe fondamental de droit, mais c'est aussi du bon sens. Aussi les communes ne sont autonomes dans aucun pays du monde, mon père le sait, car il a lu les lois municipales de beaucoup de contrées. Il soutient que l'autonomie est impossible, parce que la commune fait partie de l'État, comme le doigt fait partie du corps.

— Paris n'est pas comparable au doigt, fit Henri, mais à la tête.

— Raison de plus, répliqua Gaston. La capitale de la France n'appartient pas uniquement aux Parisiens ; nous autres provinciaux, nous y avons des droits, nous y résidons en la personne de nos représentants.

— Est-ce que tu te fâcherais, Gaston ? Allons, ne nous querellons pas pour des mots, faisons la paix et mettons-nous à table. »

CHAPITRE VII

LE CONSEIL GÉNÉRAL.

Gaston ne s'était nullement fâché ; il était très réfléchi, mais souvent il discutait avec une certaine vivacité, comme toute personne profondément convaincue. Puis, il avait toujours besoin de savoir la raison des choses, il aurait volontiers demandé le pourquoi du pourquoi, s'il avait pu espérer obtenir une réponse satisfaisante. Et quand il voyait qu'une chose avait ses particularités, qu'elle différait des autres, avant de la juger, il l'étudiait, il cherchait le *pourquoi*. Aussi, ce qu'il avait appris, il le savait et le retenait ; mieux que cela, il s'en servait comme d'un instrument, sa puissance s'en trouvait augmentée. Aussi quand son oncle lui eut dit que le conseil municipal de Paris, renforcé de huit membres élus par les cantons des arrondissements de Sceaux et de Saint-Denis, formait le conseil général, il avait son « pourquoi » tout prêt. « Ailleurs aussi, dit-il, le même citoyen peut être, et en effet est souvent à la fois membre d'un conseil municipal et d'un conseil général, mais ce n'est pas la règle ; pourquoi la loi en a-t-elle fait une prescription pour Paris ? »

M. Duval était obligé d'avouer qu'il n'en connaissait pas la raison. Il savait seulement qu'en l'an VIII, ces deux conseils sont venus au monde comme les frères Siamois, attachés ensemble, et ils sont restés ainsi, à travers tous les régimes.

« Cela me ferait croire, dit Gaston, que la raison de cette union doit être bonne, puisqu'elle a été acceptée par des régimes différents.

— Moi aussi, fit observer son oncle, je suis disposé à considérer la durée comme une preuve de solidité ; cependant je ne dois pas oublier qu'en l'an VIII, et pendant beaucoup d'années encore, le gouvernement nommait le conseil municipal de Paris et le conseil général de la Seine, et pour ne pas se donner la peine de faire de doubles choix ou de doubles nominations, il chargea le conseil municipal en même temps des fonctions de conseil général.

— Ce n'est pas une bonne raison cela, dit Gaston.

— C'est vrai, répondit son oncle, mais heureusement il y en a une meilleure. Je pense qu'on a voulu faire prédominer Paris dans le conseil. Paris compte deux millions d'habitants, le reste du département, moins d'un demi-million ; à Paris, d'ailleurs, siègent les grands pouvoirs de l'État ; là sont les facultés, les musées, toutes ces grandes institutions qui sont la gloire de la France ; là sont accumulées les richesses qui, si elles alimentent le luxe, — qui est aussi un art, et un art qui fait vivre bien des milliers de familles, — créent et entretiennent tant d'usines, de fabriques, de manufactures et d'ateliers de toutes sortes.

— Cette raison, mon oncle, est en effet meilleure, mais je ne sais pas si elle est suffisante. Qu'on donne à Paris la prépondérance qui lui est due, mais qu'on fasse élire deux conseils.

— Mais si les deux conseils n'étaient pas d'accord ?

— C'est à la loi de faire la part de chacun. Du reste, la

dualité existe ailleurs, et il n'en résulte aucun inconvénient. Je maintiens ma manière de voir.

— Voyez donc le petit entêté, dit M. Duval en riant.

— Ne te fâche pas, mon oncle, tu sais que je suis un provincial, je n'ai pas vos habitudes parisiennes. Je reconnais volontiers que je puis avoir jugé avec précipitation. J'ai, en effet, encore une importante question à poser. Puisque le conseil général de la Seine diffère ainsi, par l'organisation, des autres conseils généraux, il y a peut-être encore d'autres différences.

— Et de grandes. Ainsi, dans les autres départements, les conseillers généraux sont élus pour six ans et se renouvellent par moitié ; dans la Seine, ils sont élus pour 3 ans et le conseil se renouvelle intégralement. De plus, la loi de 1871 (10 août) n'est pas applicable au conseil général de la Seine, qui est resté sous le régime des lois de 1838 et 1866, et même 1833 (articles 12 à 19).

— Alors il n'y a pas de commission départementale, cette commission ayant été créée par la loi de 1871 (10 août) ?

— C'est même la différence essentielle ; le reste se compose de détails d'une moindre importance.

— Je dirais que la Commission départementale empêche de dédoubler le conseil, si la réunion de deux conseils en seul corps n'était pas si ancienne, dit Gaston. Je devine pourquoi il n'y a pas de commission départementale à Paris.

— Moi aussi, dit Henri. A Paris, c'est le gouvernement qui la remplace, car Paris est la capitale.

— C'est un terrain neutre, dit M. Duval, comme la ville de Washington aux États-Unis d'Amérique.

— Le besoin d'un terrain neutre, objecte Gaston, n'est pas une raison pour maintenir l'unité de conseil. Le conseil général n'aurait pas de commission départementale, voilà tout, mais il aurait les autres attributions conférés par la loi de 1871.

— Elles diffèrent peu de celles de 1866. Je vais te mettre à même d'en juger.

— Je tiendrais à rechercher moi-même ces détails. J'aurais devant moi la loi de 1866 (18 juillet), Henri prendrait la loi de 1871 (10 août), toi, cher oncle, tu nous donnerais au besoin des explications. »

Ainsi fut fait. C'était également une « organisation », puisque chacun avait sa besogne et que le tout coopérait au même résultat. Laissons-les donc jouer chacun son rôle.

GASTON, lisant: « Article 1er. Les conseils généraux statuent définitivement sur les affaires ci-après désignées, savoir :

« 1° Acquisitions, aliénations et échanges de propriétés départementales mobilières et immobilières, quand ces propriétés ne sont pas affectées à l'un des services énumérés au n° 14. »

HENRI. — C'est, dans la loi de 1871, article 46.

GASTON. — « 2° Mode de gestion des propriétés départementales (1866). »

HENRI. — La loi de 1871 reproduit aussi ce n° 2.

GASTON. — Je vais continuer jusqu'à ce que tu trouves une différence :

« 3° Baux de biens donnés ou pris à ferme ou à loyer, quelle qu'en soit la durée;

« 4° Changement de destination des propriétés et des édifices départementaux autres que les hôtels de préfecture et de sous-préfecture et les locaux affectés aux cours et tribunaux, ou casernement de la gendarmerie et aux prisons... »

— Halte! s'écria Henri, la loi de 1871 a intercalé: écoles normales..

— Écoles normales est ici une restriction, dit M. Duval. Cette restriction n'est pas imposée au conseil général de la Seine.

GASTON reprend la lecture de la loi 1866 :

« 5° Acceptation et refus de dons et legs faits au département sans charge ni affectation mobilière, quand ces dons et legs ne donnent pas lieu à réclamation;

« 6° Classement et direction des routes départementales, *lorsque le tracé desdites routes ne se prolonge pas sur le territoire d'un autre département ;* projets, plans et devis de travaux à exécuter pour la construction, la rectification et l'entretien des routes départementales.

Henri. — La loi de 1871 a supprimé ce qui est dit du territoire d'un autre département, mais elle a ajouté ce qui suit : « Désignation des services qui seront chargés de leur construction et de leur entretien. »

M. Duval. — La désignation des services est accordée par le n° 10 : c'est une modification dans la rédaction.

Gaston. — Je continue la lecture de la loi de 1866 :

« 7° Classement et direction des chemins vicinaux; désignation des chemins vicinaux d'intérêt commun ; désignation des communes qui doivent concourir à la construction et à l'entretien desdits chemins; le tout sur l'avis des conseils municipaux et d'arrondissement;

« Répartition des subventions accordées sur les fonds départementaux aux chemins vicinaux de grande communication et d'intérêt commun.

Henri.— La loi de 1871 charge en outre le conseil de fixer le contingent annuel de chaque commune; de répartir, outre les fonds départementaux, aussi les subventions de l'État, aux chemins vicinaux de toutes catégories ; de désigner les services chargés des travaux et leur mode d'exécution (voy. 10°); enfin, de fixer le taux de la conversion en argent des journées de prestation.

Gaston. — « 8° Offres faites par les communes, par des

associations et des particuliers pour concourir à la dépense des routes départementales, ou d'autres travaux à la charge du département (1866). »

Henri. — C'est le n° 10 de la loi de 1871 ; l'ordre des dispositions est changé.

Gaston. — « 9° Déclassement des routes départementales, des chemins vicinaux de grande communication et d'intérêt commun, *lorsque leur tracé ne se prolonge pas sur le territoire de plusieurs départements* (1866). »

Henri. — C'est le n° 8 de la loi de 1871. On a supprimé le membre de phrase qui commence par *lorsque*.

— Autrefois, dit M. Duval, les départements ne pouvaient s'entendre pour le tracé de cette sorte de chemins ; ils s'adressaient au ministre de l'intérieur qui décidait. Actuellement les départements autres que la Seine peuvent former des commissions pour régler des affaires communes... Continue, Gaston.

Gaston — « 10° Désignation des services auxquels sera confiée l'exécution des travaux sur les chemins vicinaux de grande communication et d'intérêt commun, et mode d'exécution des travaux à la charge du département, autres que ceux des routes départementales ;

« 11° Emploi des fonds libres provenant d'emprunts et de centimes extraordinaires. »

Henri. — Je ne trouve pas l'équivalent de ce n° 11.

GASTON. — « 12° Assurance des bâtiments départementaux ; — 13° Actions à intenter ou à soutenir au nom du département, sauf les cas d'urgence, *dans lesquels le préfet pourra agir conformément à l'article* 36 *de la loi du* 10 *mai* 1838. »

HENRI. — Ce sont, dans la loi de 1871, les n°s 14 et 15. Au lieu du préfet, c'est la commission départementale qui intervient.

GASTON. — « 14° Transactions concernant les droits du département ; — 15° Recettes et dépenses des établissements d'aliénés appartenant au département, approbation des traités passés avec les établissements privés et publics pour le traitement des aliénés du département ;

« 16° Service des enfants assistés. » Les n^os^ s'arrêtent ici.

HENRI. — La loi de 1871 en a encore plusieurs.

— Voyons, dit M. Duval. Les conseils y sont autorisés à créer des institutions départementales d'assistance publique, à fonder des caisses de retraites pour leurs employés, à statuer sur les délibérations des conseils municipaux relatives aux foires et marchés, aux taxes additionnelles d'octroi, aux changements de circonscriptions communales, etc.

« S'il ne s'était agi que de ces attributions, le législateur n'aurait pas hésité à les confier au conseil général de la Seine ; c'est seulement la commission départementale qu'il ne croit pas pouvoir accorder. C'est du moins ce que j'ai toujours supposé en voyant que, dans tous les pays, la capitale est soumise à une législation particulière.

— La liste des attributions que nous venons de parcourir, dit Gaston, n'est pas complète, il ne s'agissait là que des matières où le conseil est souverain ; mais il y en a encore beaucoup où le préfet ou le gouvernement interviennent plus ou moins.

— Sans doute, répond M. Duval, mais la plupart des autres attributions ne diffèrent pas assez de celles des autres conseils[1] pour nous y arrêter ; nous retrouverons par la suite de nos entretiens celles qui ont une certaine importance. »

CHAPITRE VIII

LES SÉANCES DES CONSEILS.

Gaston aurait bien voulu assister à une séance du conseil général, — il savait qu'on n'était pas admis aux

1. Voyez le volume LE DÉPARTEMENT, dans la collection des *Entretiens familiers*.

séances du conseil municipal, — mais son oncle lui dit que les séances du conseil général de la Seine n'étaient pas publiques non plus. Il n'en demanda pas la raison, car il croyait l'avoir trouvée. Henri voulant la connaître, Gaston dit :

« C'est que les deux conseils sont composés des mêmes hommes. Il serait difficile de dire: aujourd'hui, messieurs, vous êtes conseil général, parlez en public ; demain, messieurs, vous serez conseil municipal, vous fermerez vos portes.

— Cette raison est plausible, mon neveu, fit M. Duval ; mais es-tu bien sûr que, si les deux conseils étaient composés de personnages différents, le conseil général de la Seine serait en tout assimilé aux conseils des autres départements ?

— Il est possible que non, mais je n'ai pas à prévoir l'avenir, je ne demande qu'à expliquer le présent.

— Du reste, dit M. Duval, les travaux des deux conseils sont connus, leurs procès-verbaux sont imprimés, des extraits en sont reproduits dans les journaux ; il est aisé aux électeurs de se mettre au courant de tout, c'est là l'essentiel. A l'aide des procès-verbaux on peut même assister par la pensée aux séances des deux conseils.

— Eh bien, père, ouvre la séance, dit Henri.

— Les choses ne vont pas aussi simplement que tu crois,

mon fils. Le conseil général, par exemple, ne peut être convoqué que par un décret qui fixe la durée de la session, de telle date à telle date. Un arrêté préfectoral fixe l'heure de la réunion. Voilà les conseillers assemblés. Chacun a signé son nom sur une feuille de présence, le doyen d'âge, c'est-à-dire le plus âgé des membres présents, occupe le fauteuil (préside), les deux plus jeunes l'assistent en qualité de secrétaires. Avant tout, le préfet de la Seine donne lecture du décret et de l'arrêté que je viens de mentionner, déclare la *session* ouverte, et invite le conseil à procéder à la nomination de son bureau. On nomme d'abord le président, puis les deux vice-présidents, enfin les quatre secrétaires, au scrutin secret et à la majorité absolue des votants. Voilà le bureau constitué. Le président élu prend le fauteuil, les autres membres du bureau se groupent autour de lui, et généralement le président prononce une allocution, un petit discours.

« Dans la salle se trouve une place déterminée pour les deux préfets, qui doivent être entendus quand ils le désirent. Les préfets se font accompagner des chefs de service dont la présence pourrait être utile.

— Cela doit être solennel, dit Henri.

— Jusqu'ici, certainement. La première chose à faire maintenant, c'est le tirage des bureaux. Le conseil général est divisé en quatre bureaux (on pourrait dire : quatre divisions, ou quatre sections). Le sort décide de quel bureau chaque membre fait partie. La division en bureaux permet de discuter plus à fond les affaires, et de faire de meilleurs choix pour la formation des commissions. Chaque bureau nomme son président et son secrétaire.

« Il y a des commissions permanentes et des commissions élues pour une affaire ou une étude spéciale. Pour les commissions permanentes, chaque bureau nomme trois membres [1]; pour les commissions spéciales, un, deux ou trois membres, selon l'importance de la question.

« Les huit commissions permanentes sont chargées chacune d'une partie déterminée des attributions du conseil; toutes les propositions sont renvoyées à la commission compétente pour avoir son avis, avant d'être discutées par le conseil réuni. Voici la désignation des commissions : I. Immeubles départementaux ; II. Routes et chemins ; III. Assistance publique ; IV. Affaires diverses ; V. Instruction publique ; VI. Finances ; VII. Vœux ; VIII. Préfecture de police. Chaque commission nomme son président et son secrétaire. Quant aux commissions spéciales il est sans intérêt de les énumérer.

— Et comment se fait le travail ? demanda Gaston.

— Le préfet présente une proposition et la motive dans

1. Sauf pour la commission IV, qui ne se compose que de 2 membres par bureau.

un *mémoire*, ou des conseillers font des propositions individuelles ou collectives. Ces propositions passent par un examen préparatoire, sommaire ou approfondi, selon le cas, et un rapporteur est nommé. Son rapport est discuté par le conseil, on vote, et la majorité décide.

« Tout cela s'applique aussi au conseil municipal, mais avec quelques différences. Le doyen d'âge ouvre la première séance de la session ordinaire et les deux plus jeunes fonctionnent comme secrétaires. Le préfet donne lecture de l'*arrêté* (préfectoral) par lequel le conseil est convoqué et déclare la session ouverte. On procède à l'élection du président ; s'il n'a pas la majorité absolue au premier tour, on renouvelle l'épreuve jusqu'à ce que la majorité soit formée. On opère de même pour les deux vice-présidents et les quatre secrétaires et même pour le syndic.

— Quelles sont ses fonctions ?

— Il est chargé de l'organisation, de l'aménagement et de la surveillance des locaux affectés au conseil. Il a la direction des huissiers, de tous les services intérieurs et de la bibliothèque du conseil municipal. Il règle les dépenses du conseil ; en un mot, c'est ce qu'à la Chambre on appelle le questeur.

— Quand le bureau définitif est nommé, on tire au sort pour former des bureaux, n'est-ce pas ?

— Tout comme au conseil général ; ces arrangements

sont des mesures d'utilité pratique destinées à faciliter le travail et à le rendre plus approfondi.

— En combien de bureaux se divise le conseil municipal ?

— En cinq : seize membres par bureau.

— Il y a aussi des commissions permanentes et des commissions spéciales ?

— Sans doute. Actuellement, le nombre des commissions permanentes est de sept : 1° finances ; 2° préfecture, mairie centrale ; 3° voirie de Paris ; 4° assistance publique, instruction publique, mont-de-piété ; 5° architecture et beaux-arts ; 6° eaux et égouts ; 7° domaine de la ville, préfecture de police. On pourrait aussi diviser les matières autrement, on a déjà fait des classements différents. Les améliorations sont toujours possibles ; mais ce classement n'a qu'une importance secondaire, l'essentiel est que les affaires soient bien étudiées, et c'est pour qu'elles le soient qu'on a créé les commissions permanentes.

— J'ai remarqué, dit Gaston, qu'à Paris le maire ne préside pas le conseil municipal.

— Parce que le maire est préfet ; ou parce que les mêmes personnes forment le conseil général et que celui-ci nomme son président ; ou encore, et cette raison me semble la meilleure, pour honorer Paris. Du reste le nombre des affaires est très considérable, et comme le préfet est très occupé de son côté, la nomination d'un président spécial était presque une nécessité.

— Oh ! dit Gaston, je n'ai aucune objection. Je crois la chose bonne, je voulais seulement montrer que la différence ne m'avait pas échappé. »

CHAPITRE IX

LE BUDGET DE LA VILLE.

Henri ne cessait d'admirer le savoir administratif de Gaston, mais celui-ci ne se reconnaissait d'autre mérite que d'avoir écouté avec attention les conversations de son père et de les avoir notées. Il ajoutait : « Ces conversations sont imprimées, je t'en ai apporté un exemplaire, tu n'as qu'à les lire. » C'est ce que Henri se promit de faire, et ce qu'il fit en effet, non sans en tirer profit.

« Je n'ai pas besoin de t'exposer les attributions du conseil municipal de Paris, dit M. Duval, car elles ne diffèrent pas de celles des autres communes [1]. Veux-tu que je te parle du budget ?

1. Voyez LA COMMUNE, dans la collection des *Entretiens familiers*.

— Avec plaisir, cher oncle, cela m'intéressera beaucoup.

— Tiens, et moi aussi, assura Henri. On en parle si souvent, du budget, que je voudrais bien savoir ce que c'est.

— C'est tout simplement, dit Gaston, la prévision des recettes et des dépenses de l'année, votée par le conseil municipal et approuvée par l'autorité supérieure.

— Ce n'en est pas seulement, ajoute M. Duval, la prévision selon les probabilités, d'après l'expérience des années précédentes, c'est encore l'*autorisation* donnée au préfet (ou maire) d'opérer les recettes et d'effectuer les dépenses prévues.

— Et si l'on se trompait dans ses prévisions ? demande Henri.

— L'erreur serait aisée à corriger, expliqua M. Duval. On commence toujours en novembre ou décembre, par faire le « budget primitif ». Au mois de mai suivant, le conseil se réunit de nouveau ; on connaît alors définitivement le résultat de l'année précédente (on dit aussi : de l'exercice précédent) finissant le 31 décembre, mais avec un délai de trois mois — jusqu'au 31 mars suivant — pour terminer les opérations. En mai on fait donc un budget supplémentaire, on y inscrit les excédents de recettes, s'il y en a. Si les fonds avaient manqué, on voterait des impositions. Pour les dépenses, on fait les changements nécessaires, car le préfet (comme le maire) ne peut faire des dépenses que sur des *crédits ouverts* (sur les fonds mis à sa disposition) par le conseil municipal.

— Il ne peut pas dépasser ces crédits, ajoute Gaston, ni en changer l'emploi.

— Enfin, dit M. Duval, rien n'empêche le conseil municipal de voter des dépenses dans le courant de l'année, pourvu que toutes les formalités tutélaires prescrites par la loi aient été remplies.

— Je voudrais bien savoir, mon oncle, s'il n'y a jamais confusion à Paris entre le budget départemental et le budget municipal ?

— Pourquoi y aurait-il confusion ?

— Parce que ce sont les mêmes hommes qui sont, d'une part, les représentants de la commune, et de l'autre, les représentants du département.

— Nous n'avons pas, comme ailleurs, deux instances ; mais il n'y a pas pour cela de confusion, car les attributions sont distinctes. D'ailleurs, si le préfet est souvent maire, le ministre de l'intérieur est quelquefois préfet.

— Il y a donc deux budgets séparés ?

— Parfaitement. L'un est soumis au conseil général, — il est peu important ; — l'autre, qui a l'importance du budget d'un grand État, est mis sous les yeux du conseil municipal. Ils sont l'un et l'autre préparés sous les yeux du préfet et ensuite discutés par les conseillers.

— Mais, mon oncle, je viens de dire qu'il y a deux budgets, il doit y en avoir quatre, puisqu'il y a deux préfets.

— Si je voulais compter les budgets spéciaux, il faudrait aussi mentionner le budget de l'assistance publique et même celui de l'octroi, dont nous aurons encore à parler. Quant au préfet de police, il présente en effet deux budgets, mais comme annexes au budget du préfet de la Seine. C'est ce dernier qui présente le budget général. Dans le budget de la *ville,* la dépense de la préfecture de police figure par son total, mais le préfet de police fournit séparément un budget divisé en chapitres que le conseil discute avec lui ; dans le budget général du *département,* les sous-chapitres II, VI, VII, VIII, X, XII, XIV, XV, concernent le préfet de police auquel il incombe de les motiver, de les justifier.

« Maintenant, Gaston, si tu demandes pourquoi on procède ainsi, il me sera facile de te l'expliquer. L'unité du budget est une nécessité du bon ordre, et une fois que cette unité doit être réalisée, il est naturel que le préfet de la Seine soit chargé de centraliser les éléments de ce document. C'est lui en effet qui est chargé de l'administration de la fortune de la ville et des biens du département : il fait toutes les recettes de la ville, il est chargé de la plupart des dépenses ; le préfet de police ne fait que des dépenses et pour une somme bien moindre. Les fonds lui sont versés au fur et à mesure.

— As-tu déjà vu un budget ? demanda M. Duval.

— Oh ! oui, mon oncle, répondit Gaston. Il se divise en recettes et en dépenses, puis en chapitres, et les chapitres en articles (Voy. p. 75 et 94).

— Bien. As-tu remarqué qu'à côté de chaque recette ou dépense, on voit quatre colonnes ; dans la 1re, en commençant par la gauche, on lit : dépenses créditées en... ou : recettes admises en... (l'année précédente) ; dans la 2e on trouve : proposition du préfet ; dans la 3e : vote du conseil municipal ; dans la 4e : fixations admises. La 2e et la 3e n'ont pas besoin d'explication ; la 1re....

— Non plus, dit Gaston, elle montre s'il y a augmentation ou diminution.

— C'est cela. La 4e indique les chiffres admis dans le décret, car le budget, soit de la ville, soit du département, est réglé ou fixé par décret.

— Je sais, je sais, s'écria Gaston, puisque le budget de la ville dépasse trois millions, il doit être approuvé par décret ; les budgets départementaux, quel que soit leur montant, sont réglés par décret.

— Mais voici un point important : « Lorsque le budget communal, dit l'article 2 de la loi de 1867 (24 juillet), pourvoit à toutes les dépenses obligatoires et qu'il n'applique aucune recette extraordinaire aux dépenses, soit obligatoires, soit facultatives, les allocations portées audit budget par le conseil municipal, pour les dépenses facultatives, ne peuvent être ni changées ni modifiées par..... le décret qui règle le budget. »

— Cela veut dire, si je comprends bien, dit Henri, que, dans les communes riches, les conseils municipaux peuvent faire de leur revenu ce que bon leur semble.

— Pas tout à fait, mon fils; d'abord, il faut employer les revenus dans l'intérêt de la commune...

— Cela va sans dire.

— Puis, il y a des dépenses obligatoires, fixées par la loi de 1837 et complétées par d'autres dispositions.

— Mon père les a résumées dans LA COMMUNE.

— Pourquoi, demanda Henri, fait-on tant de difficultés pour les recettes extraordinaires ?

— Parce qu'elles proviennent généralement d'impôts extraordinaires, qui chargent le contribuable et quelquefois peuvent l'empêcher de payer l'impôt dû à l'État ; elles peuvent aussi avoir d'autres inconvénients.

— Du reste, quand c'est utile, les conseils municipaux sont toujours autorisés à s'imposer extraordinairement.

— Seulement pour Paris, ni le préfet, ni le ministre de l'intérieur, ni le Président de la République ne peuvent donner cette autorisation, il faut une loi.

— Ou plutôt leur autorisation ne suffit pas, ajouta Gaston ; c'est d'ailleurs l'autorité administrative supérieure qui demande la loi dans l'intérêt de la ville en instance.

— Tenez, voici le texte du paragraphe de l'article 17 (loi de 1867) auquel je faisais allusion, il est assez important pour qu'on le retienne : « Aucune imposition extraordinaire ne peut être établie dans ces villes (Paris et Lyon), aucun emprunt ne peut être contracté par elles, sans qu'elles y soient autorisées par une loi. »

— C'est parce que ces villes sont grandes, dit Henri.

— Et que toute erreur pourrait avoir de graves conséquences, ajoute Gaston.

— Aussi, si dans les autres communes il y a, sur certaines mesures à prendre (art. 1 et 9 de la loi de 1867), désaccord entre le maire et le conseil municipal, la délibération n'est exécutoire qu'après approbation du préfet ; pour Paris, dit l'article 17, il faut un décret.

— Ce n'est pas étonnant, dit Henri, puisque le maire et le préfet ne font qu'une personne, il s'approuverait donc lui-même.

— Tu oublies le ministre de l'intérieur, dit Gaston.

Mais on a voulu que ce fût un décret, par égard à l'importance de la ville.

— On pourrait tout aussi bien dire, fait remarquer M. Duval, à cause de l'importance des sommes qui peuvent être en jeu. C'est qu'à Paris on ne connaît que des millions, on est très familier à des centaines de millions, et quand on paye plus de cent millions d'intérêts et d'amortissement pour sa dette, on peut ajouter qu'on n'est pas effrayé par le milliard, qui est pourtant un bien gros chiffre.

— Mille millions!

— C'est peu à peu que le budget s'est accru d'abord, plus tard l'accroissement s'est accéléré. Au commencement du siècle, les recettes de la ville étaient de dix millions de francs; au bout de peu d'années, le chiffre était doublé: c'est que les besoins sont grands à Paris, et si les impôts ne suffisent pas, on les élève, on les multiplie. Il faut dire en outre que la population augmente, et la richesse aussi. Les recettes affluent à la caisse municipale rien que par l'effet de cet accroissement. Enfin, quelles que soient les causes de l'élévation du budget, à partir de 1820 il ne descend plus au-dessous de 40 millions, — chiffre qu'on avait déjà dépassé antérieurement dans des années exceptionnelles. — Dès l'année 1852, les revenus avaient encore doublé; mais en 1860, Paris étend ses limites, ce n'est plus tout à fait la même ville; aussi, si l'année 1859 n'a qu'un budget de 108 millions, celui de 1860 présente un total de 158 millions. On ne tarde pas à atteindre 200 millions, chiffre qu'on a dépassé de beaucoup dans des années anormales, en comptant le produit de l'emprunt parmi les recettes. Je pense que nous sommes en route pour atteindre définitivement la 3e centaine de millions.

— Cela prouve que vous devenez de plus en plus riches, dit Gaston en riant.

— Cela le prouve en effet, et un proverbe qui date des Romains a raison : Où il n'y a rien, César (ou le roi) perd ses droits.

— Il serait très intéressant de connaître le détail des recettes, en prenant les chiffres réels dans un budget. Les chiffres augmentent la clarté des explications.

— Je le veux bien, nous nous en occuperons demain. »

CHAPITRE X

LES RECETTES.

Le lendemain on n'oublia pas l'engagement de la veille. C'est Henri qui, cette fois, fut le plus pressé de reprendre la conversation; maintenant qu'il commençait à s'instruire, il s'intéressait aux matières administratives. M. Duval prit donc dans sa bibliothèque le budget de 1879 et y fit copier par les jeunes gens le tableau qui suit. Sa première intention avait été seulement de mettre sous leurs yeux l'énoncé des différentes sources de recettes, pour en faire le point de départ de ses explications; mais, conformément au vœu exprimé par Gaston, il fit ajouter les chiffres.

« Les chiffres, dit M. Duval, se modifient à peu près tous les ans, mais pas de beaucoup; ceux-ci vous donneront toujours une idée de l'importance des chapitres. Commençons par les recettes ordinaires :

Recettes ordinaires.

			Fixations admises
CHAP.	1.	Centimes communaux ; impositions spéciales ; taxe sur les chiens....	24,576,600 »
—	2.	Produit des amendes et des permis de chasse; intérêts de fonds placés; recouvrements de droits avancés pour le compte des porteurs d'obligations municipales............	5,605,700 »
—	3.	Droits d'octroi.....................	127,233,185 »
—	4.	Droits d'expédition d'actes et prix de vente d'objets mobiliers..........	264,000 »
—	5.	Halles et marchés.................	6,989,000 01
—	6.	Poids publics	344,000 »
—	7.	Abattoirs........................	2,940,000 »
—	8.	Entrepôts	2,300,000 »
—	9.	Produits de propriétés communales.	1,304,468 66
—	10.	Taxes funéraires..................	857,145 »

CHAP. 11.	Concessions de terrains dans les cimetières	1,721,700 »
— 12.	Legs et donations pour des œuvres de bienfaisance	6,160 »
— 13.	Location sur la voie publique et dans les promenades	904,815 »
— 14.	Voitures publiques	4,330,500 »
— 15.	Droits de voirie	600,000 »
— 16.	Ventes de matériaux provenant du service des travaux et cessions de parties de terrain retranchées de la voie publique	200,000 »
— 17.	Contributions des particuliers et des administrations dans les dépenses pour travaux de voirie, d'architecture, etc., et dans les frais d'éclairage	6,197,385 »
— 18.	Contribution de l'État et du département dans les frais d'entretien et de nettoiement du pavage de Paris.	3,400,000 »
— 19.	Taxe du balayage	2,800,000 »
— 20.	Redevance payée par la Compagnie du gaz en vertu du traité du 7 février 1870	8,500,000 »
— 21.	Abonnements aux eaux de la ville et produit de divers immeubles dépendant des établissements hydrauliques	9,886,657 »
— 22.	Exploitation des voiries, vidanges, égouts	1,397,800 »
— 23.	Recettes et rétributions perçues dans divers établissements scolaires, legs et donations concernant l'instruction publique	2,513,931 »
— 24.	Contribution de l'État dans les dépenses de la police municipale	7,693,825 »
— 25.	Recettes diverses et imprévues	1,157,067 30
	Total des recettes ordinaires	223,724,547 97

Recettes extraordinaires.

1° Fonds généraux	4,760,786 64
2° Fonds spéciaux	»
Total des recettes extraordinaires	4,760,786 64
Total général	228,185,336 61

« Voilà, dit M. Duval, 25 chapitres de recettes, et beaucoup de ces chapitres se divisent en articles ; nous verrons si le temps nous permet de dire un mot de chaque chapitre. Je pourrai passer ceux qui se comprennent tout seuls.

— Voyons d'abord le chapitre 1er, fit Henri.

— Oh ! s'écria Gaston, c'est le plus facile, ce sont les contributions directes, ou plutôt les centimes additionnels municipaux ; il en est beaucoup question dans nos petits livres, ajouta-t-il en se tournant vers Henri. Les centimes communaux peuvent être employés à toute dépense sans exception ; les impositions spéciales sont des centimes additionnels qui, à Paris, ne peuvent guère être employés que pour l'instruction primaire[1].

— Et la taxe des chiens ? demanda Henri.

— C'est une taxe créée en 1855 au profit des communes ; elle est obligatoire, mais le taux en est fixé par le conseil municipal. Il est à Paris de 10 francs par an pour les chiens d'agrément et 5 francs pour les chiens de garde. C'est le maximum admis par la loi.

— Combien cela rapporte-t-il à Paris ?

— Environ 600,000 francs. Cette somme répond, en tenant compte des amendes et des non-valeurs, à 76 ou 77,000 chiens.

1. Il n'y a, à Paris, ni centimes pour les chemins vicinaux, ni centimes pour le cadastre.

— Voyons le chapitre 2, dit Henri.

— Je comprends bien que la caisse municipale perçoive des amendes, mais qu'est-ce que ce recouvrement sur les porteurs d'obligations? demanda Gaston.

— La ville, répond M. Duval, avance l'impôt dû à l'État sur ses obligations, et elle se rembourse, en retenant le montant, au moment de payer les coupons. Puisqu'on compte l'avance comme une dépense, le remboursement doit être une recette, pour rétablir l'équilibre. Réfléchissez-y un moment. On appelle les sommes qui figurent ainsi en recettes et en dépenses, sans profiter à celui qui dresse le compte, une « inscription pour ordre ».

— Voici maintenant l'octroi.

— Réservons cette importante recette pour en causer un autre jour plus longuement.

— Passons donc au chapitre 4.

— Les actes de l'état civil (naissance, mariage, décès) rapportent de petites sommes. Quant aux objets mobiliers vendus, de vieux papiers, des meubles usés, comme ces objets appartiennent à la ville, c'est naturellement la caisse municipale qui en reçoit le produit.

— Le chapitre 5 donne le produit des halles et marchés.

— Ce produit est de deux sortes, dit M. Duval : 1° des droits de place et d'abri acquittés par les vendeurs ; 2° un droit de stationnement pour les voitures. Nous aurons à reparler plus d'une fois encore des halles et marchés.

— Chapitre 6, le poids public ?

— C'est un droit de pesage et de mesurage qu'on paye. L'acheteur est ainsi mieux servi. Le poids public est obligatoire.

— L'utilité des abattoirs, chapitre 7, se comprend tout seul.

— Oh ! oui, dit Henri. Ce serait bien désagréable pour les voisins, si chaque boucher tuait le bétail chez lui.

— Et malsain, ajouta son père. Le boucher paye deux centimes par kilo, et tout est dit. Du reste, les trois abattoirs, surtout celui de la Villette, qui est complété par un marché aux bestiaux, rendent de grands services, car ils sont bien organisés.

— Combien de viande retire-t-on des abattoirs ? demanda Gaston.

— Plus de 120 millions de kilogrammes de viande de boucherie et environ 13 millions de kilogrammes de porc.

— C'est une belle propriété que Paris possède là, dit Gaston, elle rapporte près de 3 millions.

— Elle en a bien d'autres, répliqua M. Duval. Ainsi le chapitre 8 mentionne les entrepôts de vins et d'eaux-de-vie, où la ville loue des places aux marchands en gros[1], et

1. Il y entre environ 3 millions d'hectolitres de vin et 150,000 d'alcool dans une année ordinaire.

le chapitre 9 est relatif aux propriétés diverses que possède la ville.

— Par exemple ?

— Pour n'en indiquer que quelques-unes : des théâtres (Châtelet, Gaîté, Lyrique), des maisons, des terrains, le droit d'affichage sur des colonnes, etc. Plusieurs produits classés dans d'autres chapitres proviennent également des propriétés communales.

— Qu'est-ce que la taxe funéraire, dont parle le chapitre 10 ?

— C'est une indemnité payée à la ville pour les dépenses d'enterrement. Elle est en quelque sorte graduée selon la fortune, puisqu'elle diffère selon le luxe des voitures, etc.

— Et les concessions dans les cimetières, chapitre 11 ?

— C'est le terrain, la place, qu'on y achète, soit à perpétuité (500 fr. le mètre), soit temporairement, pour 5 ans (50 fr.).

— Et au bout de cinq ans ? dit Gaston.

— Beaucoup de familles renouvellent la concession, ou les ossements sont transportés à un endroit spécial, dans les catacombes.

— Le chapitre 12, dit Gaston, n'a pas besoin d'explication : la commune administre les fonds de bienfaisance. Le chapitre 13 se comprend également tout seul : la voie publique appartient à la commune.

— Mais on ne paye pas pour marcher et se promener dans la rue? fit Henri.

— Non, dit son père, la rue est faite pour cela, mais non pour y établir des chalets ou des étalages. C'est l'autorisation d'occuper la voie publique que la ville se fait payer.

— Ou celle d'y faire stationner des voitures, chapitre 14, ajouta Gaston. Lorsque les voitures circulent, même en s'arrêtant un moment, elles ne doivent rien. Elles payent, parce qu'elles occupent une place réservée à elles seules.

— Et qu'est-ce donc que les droits de voirie, chapitre 15? demanda Henri.

— C'est une permission qu'on paye sous ce nom, par exemple, pour faire des travaux qui encombrent temporairement la rue, ou aussi pour établir des saillies qui dépassent l'alignement de la maison, comme une devanture de magasin, un balcon, un banc, etc.

— Le chapitre 16, dit Gaston, se comprend, mais le chapitre 17?

— Ce sont souvent les remboursements faits par des particuliers, des contributions ou subventions payées par le département. Il en est de même pour le chapitre 18. C'est quelquefois la loi ou la coutume qui rend la dépense commune; d'autres fois, c'est l'équité; d'autres fois encore, c'est une transaction, c'est une des parties intéressées qui stimule l'autre en offrant de se charger d'un surplus de dépense.

— Et le chapitre 19? demanda Gaston. A Monteau, on ne paye pas le balayage.

— A Paris aussi les habitants devraient balayer eux-mêmes, mais cela présente quelques difficultés. On a préféré imposer à chaque propriétaire une petite somme, tant par mètre, somme plus ou moins élevée, selon que la rue est plus ou moins fréquentée. Il y a en tout à balayer à Paris 10,800,000 mètres carrés, dont 8 millions sont à la charge des riverains.

— Nous voici au chapitre 20.

— Arrêtons-nous-y pour aujourd'hui, dit M. Duval. Les autres chapitres ne sont pas difficiles à comprendre, du moins en gros; je les reprendrai en détail, parce que les détails présentent un intérêt particulier. Je voudrais seulement faire remarquer, avant de passer à un autre sujet, que les recettes de la ville sont de nature très différentes. Il y a : 1° des impositions directes, qui sont inscrites au nom du contribuable; des impôts indirects, dits aussi impôts de consommation, qu'on n'acquitte qu'en consommant l'objet imposé ; 3° des taxes qui ne sont que la rétribution des services rendus, comme celles que je paye quand on pèse ma marchandise, ou qu'on balaye devant ma maison; 4° des recettes qui proviennent de propriétés communales, qui ne rentrent donc dans aucune classe d'impôt; *ces recettes ne sont pas une charge pour le contribuable;* 5° des remboursements ou des subventions, par exemple, lorsque l'État verse 7 millions et demi dans la caisse municipale pour l'entretien de la police, ou quand la somme ne fait que passer par la caisse (elle est inscrite pour ordre); *ce ne sont pas non plus des charges pour les contribuables.*

— Cela veut dire, ajouta Gaston, que si le total des recettes ordinaires est de 223 millions, les Parisiens ne payent pas précisément 223 millions d'impôts. Ils en payent même beaucoup moins [1].

— C'est parfaitement cela.

— Et que sont les recettes extraordinaires ?

— Certains centimes et autres recettes non habituelles, et surtout les emprunts. Il arrive souvent, mais cela n'a pas eu lieu en 1879, que l'emprunt est destiné à un emploi spécial; alors on en fait un fonds spécial et on lui consacre des chapitres séparés. J'ajouterai, pour terminer, qu'il n'a été question entre nous que du budget primitif; le budget supplémentaire n'est mentionné que dans le *Compte,* mais il est trop peu important pour nous y arrêter ici. C'est surtout une affaire de comptabilité. »

1. Gaston ayant fait plus tard le calcul, trouva qu'il n'y avait que 155 à 156 millions d'impôts dans ces 233 millions.

CHAPITRE XI

L'OCTROI.

« Parlerons-nous des dépenses aujourd'hui ? demanda Henri, le lendemain.

— Pas encore, répondit son père ; nous avons réservé l'octroi, qui est la source de recettes la plus importante pour Paris ; nous allons donc étudier un peu l'octroi.

— Je connais bien l'octroi, dit Gaston. Rumont, notre chef-lieu d'arrondissement, en a un. On y perçoit, comme à Paris, des droits sur les objets de consommation.

— En France, ajoute M. Duval, environ 1500 communes ont un octroi.

— On me l'a dit. Je sais aussi que certaines personnes sont hostiles aux octrois.

— Tous les impôts ont des ennemis, dit M. Duval en souriant.

— Vrai ? Et pourquoi ? demanda Henri.

— La raison en est simple, répond son père. Les impôts sont de petits maux destinés à nous en éviter de grands. Or, ces petits maux, on les voit ; les grands maux, — puisqu'on les évite, — on ne les voit pas! Il en est de même de l'octroi, on s'attache à ce que l'on voit et on néglige ce qu'on ne voit pas.

— Et qu'est-ce que l'on ne voit pas? demanda Henri.

— Que les impôts qu'on mettrait à la place de l'octroi paraîtraient bientôt plus lourds que l'octroi lui-même. Mais ne discutons pas ce côté de la question[1], il nous faudra tout notre temps pour étudier l'octroi de Paris.

— Est-ce que la législation qui le concerne diffère de celle qui régit les autres communes?

— Pas beaucoup[2], nous n'avons pas à nous y arrêter. Constatons d'abord que, s'il n'y avait pas d'octroi à Paris, on ne pourrait pas l'établir contrairement à la volonté du conseil municipal, ce qui s'applique d'ailleurs à toutes les communes de France. Du reste, même avec l'assentiment d'une commune, il faut un décret et l'avis favorable du Conseil d'État pour l'instituer.

— Mais si le conseil municipal voulait le supprimer?

— Il le pourrait, dit la loi de 1867, si le préfet ne fait pas d'objection; en cas de désaccord, c'est le Président de la

1. Il a été question de l'octroi dans le volume LA COMMUNE des *Entretiens familiers* (Paris, J. Hetzel et Cie). Celui qui voudrait l'étudier plus à fond trouvera les arguments dans une brochure de M. Maurice Block qui a paru chez Berger-Levrault et Cie sous le titre de: *l'Octroi, pourquoi il est conservé*.

2. La loi du 10 août 1871 n'est pas applicable à Paris.

République qui décide sur le rapport du ministre de l'intérieur. Le conseil municipal a les mêmes pouvoirs pour réduire une taxe, pour l'augmenter jusqu'à concurrence d'un 10e (un décime) pendant cinq ans, ou simplement pour le proroger (pour en prolonger la perception) pendant cinq ans si la taxe est temporaire.

— Ainsi, dit Gaston, c'est le conseil municipal qui vote les taxes; je vois aussi qu'il ne peut pas les augmenter de plus d'un dixième....

— Mais s'il voulait cependant aller au delà? demanda Henri.

— Il faudrait un décret délibéré au Conseil d'État, répondit son père (Loi de 1867).

— Ce que je voulais savoir, reprit Gaston, c'est si le conseil municipal peut imposer toutes choses ?

— Oh! non, fut la réponse. D'abord, il ne peut imposer que les objets destinés à la consommation communale. Cette disposition est absolue. Mais il y a des restrictions qui peuvent être levées. Seulement, vous allez voir qu'on fait toutes sortes de difficultés, pour éviter les abus. Ainsi, un décret du 12 février 1870 a dressé un tableau des objets qui seuls peuvent être taxés, et l'on comprend qu'il faille un décret pour autoriser une commune à imposer un objet qui ne se trouve pas sur le tableau. Cependant il faudrait encore un décret, même si l'objet était compris sur le tableau, mais que la commune ne l'eût pas encore imposé auparavant. En un mot, pour tout nouvel objet, il faut une autorisation du gouvernement.

— C'est pour que l'utilité de la taxe votée par le conseil municipal soit examinée à fond, dit Henri.

— Oui, d'abord par le préfet, puis par le ministre, enfin par le Conseil d'État, dit Gaston. Ce sont là des garanties très sérieuses. Mais ces mesures, si je me rappelle bien, n'ont pas seulement pour but de protéger la commune contre un excès de charges, elles protègent aussi l'intérêt du Trésor, les revenus de l'État.

— Comment cela ? demanda Henri.

— Il ne faut pas, répondit Gaston, que les impositions communales empêchent le contribuable de payer les impôts dus à l'État.

— C'est en effet la raison, dit M. Duval. Les inconvénients d'un excès de charges seraient d'autant plus sensibles, que les mêmes préposés de l'octroi qui perçoivent les droits municipaux ont pour mission d'encaisser les taxes indirectes correspondantes dues à l'État. Le contribuable paye une somme unique, laquelle est partagée entre l'État et la commune selon les données des deux tarifs.

— Chacun prend sa part légale, dit Henri.

— Chacun, en effet, prend sa part légale. Il en résulte que le directeur de l'octroi de Paris n'est pas un fonctionnaire uniquement municipal; il est nommé par décret, sur la proposition du ministre des finances. Le directeur est secondé par trois régisseurs (chefs de division), nommés par le ministre de l'intérieur sur la proposition du préfet de la Seine. Le directeur et les régisseurs forment un conseil d'administration, par lequel toutes les affaires importantes doivent être examinées. Les autres fonctionnaires sont nommés par le préfet de la Seine sur la proposition de ce conseil. L'octroi a son budget des dépenses dont le total figure au budget de la ville.

— L'administration de l'octroi ne se compose pas seulement de bureaux, je pense? dit Gaston.

— Non, il y a le service du dehors, le « service actif ».

— Aux portes de la ville ?

— Le service actif forme six divisions, dont quatre à l'enceinte: divisions de l'Est, du Nord, de l'Ouest, du Sud. Puis il y a la division de l'intérieur et la division du contrôle, composées chacune des fonctionnaires et préposés de tous grades nécessaires. Celui qui n'a pas étudié l'organisation de l'octroi et le mouvement des affaires qui s'y traitent, la variété des questions qui surgissent, ne saurait en avoir une idée. Il y a deux sortes de surveillance, celle qui empêche la fraude, c'est-à-dire l'introduction dans Paris de matières imposables sans avoir acquitté les droits, et celle qui s'applique aux agents mêmes de l'octroi, et qui, en leur montrant que le contrôle est incessant, empêche tout abus de leur part.

— Est-ce que tous les préposés savent quels objets sont passibles d'une taxe? demanda Henri.

— Le tarif est certainement imprimé, dit Gaston, et chaque préposé doit avoir son exemplaire. Il doit bientôt le savoir par cœur.

— En effet, et ce n'est pas bien difficile. Les objets imposables sont classés en cinq divisions : 1° Boissons et liquides ; 2° comestibles (viandes, poissons, beurre, œufs) ; 3° combustibles ; 4° fourrages ; 5° matériaux (à bâtir).

— Par conséquent, lorsqu'un voyageur ou un marchand arrive à une barrière de Paris, il doit montrer les objets qu'il introduit. Je suppose, dit Gaston, que j'apporte une caisse de livres, le préposé dira : Ceci ne paye rien, passez; mais si j'avais un tonneau de vin, il le mesurerait ou jaugerait et me dirait : C'est tant.

— Tant pour la ville, et tant pour l'État, ensemble tant.

— Aussi, ajoute Henri, quand on dit que l'octroi a rapporté à la ville 127 millions, on n'a pas indiqué l'ensemble des sommes qui ont passé par les mains des receveurs de l'octroi ; la part de l'État n'est pas mentionnée.

— Il faudrait bien ajouter de ce chef 60 millions et au delà.

— Je me suis demandé, dit Gaston, comment on faisait

pour les marchandises imposables qui doivent seulement traverser Paris. On ne doit rien payer pour ces marchandises, puisqu'on ne les consomme pas à Paris ; on ne peut pas les laisser entrer, car comment saurait-on qu'elles sont sorties?

— Il y a deux moyens bien simples : l'un, c'est de faire escorter la marchandise par un préposé, ce qui coûte une petite somme ; l'autre, c'est de déposer le montant de la taxe en entrant et de se faire donner un permis de *passe-debout* ; en remettant ce permis à la porte de sortie, on est remboursé. Du reste, aux habitants de Paris, notamment aux marchands établis, de grandes facilités sont accordées par l'octroi. Souvent ils sont admis à ne payer qu'après avoir vendu la marchandise.

— Et pourquoi cela?

— Parce qu'au fond, ce n'est pas le marchand que l'État et la ville veulent imposer, mais le consommateur ; le marchand, ou producteur, doit seulement faire l'avance de l'impôt. Mais souvent, — quand les sommes sont consirables, — l'opération de faire l'avance serait très onéreuse ; on n'a pas des capitaux à volonté, on ne s'en prive pas sans perte, on ne se les procure pas sans payer. Si l'avance était de rigueur, le marchand se ferait rembourser sa perte par le consommateur, en vendant plus cher. Pour ne pas renchérir inutilement le produit, plusieurs méthodes ont été imaginées ; la plus simple, ou la plus fréquemment appliquée, est l'entrepôt.

— Je connais bien l'entrepôt de Bercy, dit Henri.

— Il y a deux sortes d'entrepôts, continua M. Duval, l'entrepôt réel et l'entrepôt fictif.

— Je comprends l'entrepôt réel, dit Gaston. C'est un local, — il doit être assez grand à Paris, — fermé de tous côtés et placé sous la surveillance de l'autorité. Là sont conservées les marchandises qui n'ont pas encore payé l'octroi, et elles y restent jusqu'à ce qu'on les vende pour la consommation ; mais qu'est-ce que l'entrepôt fictif ?

— L'entrepôt fictif, c'est la permission de déposer la marchandise à domicile, dans ses propres caves ou greniers, où naturellement les préposés ont le droit d'entrer pour vérifier et contrôler. L'essentiel est que le fabricant ou commerçant n'ait pas à faire l'avance d'une somme importante, dont il serait ainsi privé.

— Il me semble, dit Henri, que puisque les marchands se font crédit entre eux, la ville ou l'État peuvent en faire autant.

— Il y a, en effet, des cas où le Trésor fait crédit, et il y a des règles pour cela, mais il ne s'agit pas ici de crédit proprement dit ; les commerçants admis à l'entrepôt fictif sont ceux qui exportent une partie des marchandises entreposées, au moins les 2/5, et la faculté de l'entrepôt n'est accordée qu'après enquête. Les sorties de l'entrepôt destinées à la consommation payent les droits, les sorties pour la réexportation ne les payent pas. Ces entrepôts sont soumis aux vérifications. Il y a même certains grands établissements, comme les usines à gaz et les magasins généraux, qui jouissent de l'entrepôt à domicile sans être vérifiés ; c'est qu'il y a une surveillance constante exercée par des employés de l'octroi, qui y sont à demeure pour inscrire tout ce qui est introduit. Dans ces établissements, les contributions s'acquittent tous les trois mois.

— Il a été question tout à l'heure de la réexportation, dit Gaston, il faut ajouter : sans changement. Mais il y a beaucoup de fabricants qui introduisent des matières premières et des combustibles sujets à l'octroi dans l'intention d'en fabriquer d'autres, ce qui précisément les change beaucoup. Or, une partie des produits de ces industriels sont destinés à l'exportation, et ce qui n'est pas consommé à Paris ne doit rien ; comment procède-t-on ?

— Généralement, répond M. Duval, par une sorte d'abonnement prévu par les règlements.

— Je vois que c'est compliqué, fit Gaston, et je n'insiste pas. Ce n'est pas sans peine qu'on réunit 127 millions. Quelle somme ! En pièces de 5 fr., — ou de cent sous, comme on dit à Monteau, — elle pèserait 635,000 kilog., il faudrait 635 chevaux pour la traîner ; en or, cette somme pèserait près de 40,000 kilog., il faudrait encore 40 chevaux ! Et tout cela est versé dans la caisse municipale, sans compter une autre grosse somme qui est versée dans la caisse de l'État.

— Est-ce que tout cela se trouve ensemble sur un même tas ? demanda Henri.

— Oh ! que non ! c'est versé tous les jours ou toutes les semaines, et cela se dépense au fur et à mesure, répond M. Duval.

— En effet, dit Gaston après y avoir réfléchi un moment, on se procure des recettes, parce qu'il y a des dépenses à faire, et il y a bien autant de dépenses que de recettes, n'est-ce pas, mon oncle ? »

— Nous verrons cela demain. »

CHAPITRE XII

LES DÉPENSES.

Le lendemain, M. Duval n'attendit pas qu'on lui posât des questions ; il prit le volume du budget et dit aux jeunes gens : « Vous voulez que je vous parle des dépenses, nous allons nous y mettre. J'aurais peut-être dû examiner avec vous les dépenses avant les recettes, car elles font connaître les besoins ; les recettes indiquent les ressources, — on dit aussi *les voies et moyens,* — par lesquelles on parvient à les satisfaire, mais on comprend mieux certaines dépenses si l'on connaît les recettes.

« Tenez, voici du papier, de l'encre et des plumes, copiez cette page-là, et ayez-la toujours sous les yeux en causant. »

Les jeunes gens écrivirent ce qui suit :

Dépenses ordinaires.

			Dépenses votées fr. c.
Chap.	1.	Dette municipale.	106,345,478 09
—	2.	Charge de la ville envers l'État. Frais de perception par les agents du Trésor. Restitution de droits indûment perçus.	4,188,900 »
—	3.	Octroi	6,839,740 »
—	4.	Préfecture, Mairie centrale (personnel, matériel, frais divers).	5,142,690 »
—	5.	Pensions et secours.	646,341 66
—	6.	Dépenses des mairies d'arrondissement	730,500 »
—	7.	Frais de régie et d'exploitation du domaine de la ville, des halles et marchés, etc.	1,271,115 »
—	8.	Cultes.	43,616 »
—	9.	Inhumations	1,022,608 »
—	10.	Affaires militaires, sapeurs-pompiers, postes de sûreté, corps-de-garde et casernes.	565,800 »
—	11.	Contribution de la ville de Paris dans les dépenses de la garde républicaine.	3,126,300 »
—	12.	Travaux de Paris (personnel et matériel de la direction)	1,061,015 »

— 13.	Architecture et beaux-arts.	4,737,016 66
— 14.	Voirie de Paris.	4,254,800 »
— 15.	Voie publique.	16,350,750 »
— 16.	Promenades et plantations, éclairage, voitures publiques	8,354,550 »
— 17.	Eaux et égouts, vidanges, exploitation des voiries	8,112,639 »
— 18.	Collège Rollin. Bourses dans les lycées et dans divers établissements spéciaux	923,793 »
— 19.	Instruction primaire et école supérieure.	11,382,204 »
— 20.	Assistance publique. Aliénés, enfants assistés, etc.	14,304,700 »
— 21.	Dépenses diverses.	219,819 04
— 22.	Préfecture de police.	21,854,632 14
— 23.	Dépenses des exercices clos.	100,000 »
— 24.	Fonds de réserve pour dépenses imprévues.	2,145,540 38
	Total des dépenses ordinaires. . .	223,724,547 97
	Dépenses extraordinaires. . . .	4,760,786 64
	Total général. . . .	228,485,334 61

« Tiens, dit Henri après après avoir fini, c'est la même somme que pour les recettes.

— Cela doit être, mon fils ; quand on dresse un budget on doit établir l'équilibre entre les recettes et les dépenses Si l'on peut, on tâche d'avoir un peu plus de recettes, — un excédent, — à cause de l'imprévu.

— Sans doute, dit Gaston, puisque le budget n'est que la prévision, le probable. Du reste, ce n'est là que le budget primitif, il sera au besoin rectifié dans le budget supplémentaire. C'est le *Compte* qui fait connaître comment les choses se sont réellement passées.

— C'est vrai, réplique M. Duval, et pour cette raison le compte a toujours plus de chapitres que le budget ; mais ce sont là des détails dans lesquels nous n'avons pas besoin d'entrer ; tenons-nous-en au budget, tel que vous l'avez copié.

— Nous commencerons donc par le chapitre Ier, la dette municipale.

— Oh ! là-dessus, fit Gaston, il n'y a pas grand'chose à dire : la ville doit, il faut qu'elle paye, c'est une dépense obligatoire [1].

— C'est incontestable, mon neveu ; cependant la dette, qui cause une dépense annuelle de 106 millions, mériterait bien qu'on s'y arrêtât un moment, mais nous n'en avons pas le temps aujourd'hui, ce sera pour demain.

— Passons donc au chapitre [1].

— Quelles charges la ville peut-elle bien avoir? demanda Gaston.

— La ville, répond M. Duval, possède des immeubles, elle doit donc l'impôt foncier et ce qu'on appelle la taxe de mainmorte, que je vous expliquerai quand nous causerons de l'impôt. La ville paye encore le timbre pour ses actes et fait quelques avances au trésor public qui lui sont ensuite remboursées par les redevables, et j'en passe ; mais il y a

1. Le tableau des dépenses obligatoires des communes se trouve au volume LA COMMUNE, p. 110, dans la collection des *Entretiens familiers*.

une charge qui offre un intérêt particulier, et dont je dirai un mot. L'un des impôts directs perçus par l'État est la contribution mobilière, elle est proportionnelle au loyer et fait, pour Paris, — je prends pour exemple l'année 1877, — 20,261,614 fr. Sur cette somme, la ville se charge de la part qui incombe aux loyers de 400 fr. et au-dessous ; cela fait 2,475,991 fr. (le chiffre varie peu), et cette somme elle la prélève sur l'octroi.

— Sur l'octroi ? fit Henri.

— J'en devine la raison, dit Gaston. C'est pour rendre, sous cette forme, aux habitants les moins riches, une partie de ce qu'ils ont payé pour l'octroi.

— Tu l'as, en effet, deviné, répond M. Duval. Je dois cependant faire observer que rien n'est plus absurde que de dire : le pauvre dépense autant que le riche ; c'est ce qu'on fait cependant en divisant le produit de l'octroi par le chiffre de la population.

— Chapitre 3, Octroi, lit Henri. L'octroi est donc à la fois une recette et une dépense ?

— Quelle question ! s'écria Gaston. Est-ce que l'argent vient tout seul ? Ne faut-il pas des receveurs, des inspecteurs, des préposés de toutes sortes pour percevoir les droits ?

— Oui, dit M. Duval, pour réunir les 127 millions de l'octroi, il y a 6 millions de frais de perception ; cela fait

4 fr. 80 pour cent francs. Les gens qui se connaissent en finances disent que c'est peu pour un impôt indirect.

— Chapitre 4, Préfecture, mairie centrale, dit Henri (c'est lui qui avait été chargé d'appeler les chapitres).

— Vous savez que le préfet et le maire central, c'est la même personne ; de même un certain nombre de fonctionnaires travaillent à la fois pour le département de la Seine et la ville de Paris : ils sont donc payés par les deux. Ce chapitre n'indique que la part de la ville dans les frais de la préfecture. Il faut ajouter la part du département qui est d'environ 560,000 fr. Quant au préfet lui-même, ainsi qu'au secrétaire général, leurs traitements sont à la charge de l'État. L'État contribue en outre pour 206,000 fr., sous la forme d'un abonnement, aux dépenses de l'administration centrale (Voy. plus loin, p. 118).

— Chapitre 5, Pensions et secours.

— Cela se comprend tout seul. Continue.

— Chapitre 6, Mairies d'arrondissement.

— Je ne vois pas quel intérêt il pourrait y avoir à entrer ici dans des détails. Je dirai seulement que les maires et adjoints ne sont pas rétribués ; les employés sont payés sur le chapitre 4.

— Chapitre 7, Frais de régie et d'exploitation, etc.

— Nous avons vu aux *Recettes* (chapitres 5, 6, 7, 8, 9), que la ville est un riche propriétaire ; il faut donc qu'elle régisse et exploite ses propriétés. Pour ne donner que deux ou trois détails sur cent, il y a 35 receveurs des halles et marchés, 15 vérificateurs, 57 préposés, sans compter les concierges, les gardiens, etc., etc. Je m'arrête pour vous renvoyer au *Compte,* si les détails vous intéressent.

— Chapitre 8, Cultes.

— Ce sont surtout des indemnités de logement aux prêtres, pasteurs et rabbins, car les frais du culte sont à la charge des fabriques, qui ont un revenu spécial.

— Chapitre 9, Inhumations.

— Vérification des décès, personnel des pompes funèbres (2 inspecteurs, 55 ordonnateurs, 80 porteurs, etc.), agents des cimetières, etc. A Paris, le service des inhumations est constitué en monopole, qui a été longtemps affermé par la ville; en 1875, elle a mis le service en régie, mais il est probable qu'elle l'affermera de nouveau. C'est une question à l'étude.

— Chapitre 10, Affaires militaires, etc.

— Ce sont surtout des dépenses pour loyers de casernes, de postes, de bureaux (par exemple ceux des commissaires de police), ainsi que pour l'entretien du mobilier, l'éclairage, etc. Pour les services mentionnés dans ce chapitre et dans le suivant (ch. 11), la préfecture de la Seine ne fait guère que payer des frais qui sont à la charge de la ville, mais, sans exercer d'autorité. Celle-ci incombe au préfet de police.

— Nous passons donc au chapitre 12, Travaux de Paris.

— Ce chapitre n'indique pas ce que coûtent les constructions et autres travaux, mais donne seulement les frais de la direction, et diverses autres dépenses qu'on a eu quelque raison pour classer dans ce chapitre plutôt que dans un autre. Par exemple, l'abonnement aux eaux pour le service municipal : eaux pour les écoles, eaux pour les marchés, eaux pour les maisons appartenant à la ville, eaux pour établissements divers. L'eau pour les écoles coûte 185,000 francs, pour les marchés, 50,000 fr., etc. On aurait pu penser que la dépense pour l'eau aurait dû figurer avec les autres frais des écoles ou des marchés ; si on ne l'a pas fait, c'est qu'on avait probablement une bonne raison; tâchez de la trouver, les questions administratives sont souvent compliquées, mais avec de la réflexion on finit par s'en tirer.

— Chapitre 13, Architecture et beaux-arts.

— La ville entretient 14 architectes, plus de 60 inspecteurs et vérificateurs, une dizaine de contrôleurs, etc. Le reste de la somme est absorbé par des travaux de réparation et d'entretien pour l'hôtel de ville, les 20 mairies, les lycées et facultés, les écoles et asiles, les halles et marchés, les entrepôts, les cimetières, les maisons appartenant à la ville, les casernes et corps de garde (il ne s'agit pas cette fois de ceux qu'on a loués, comme au chapitre 10), bâtiment de la Bourse, théâtres, églises, fontaines, etc., etc., etc. Il y a ensuite des dépenses d'embellissement.

— Qu'elle est riche la ville de Paris ! ne put s'empêcher de s'écrier Gaston.

— On ne l'aurait pas cru, fit Henri, non sans quelque étonnement. Mais il paraît que cela coûte gros, d'être riche.

— On n'a rien pour rien en ce monde, pas même l'amitié, il faut la mériter. Mais continue, il se fait tard.

— Il y a d'abord un personnel d'inspecteurs, de commissaires-voyers, de conservateurs du plan de Paris, avec leurs aides au nombre de 146 personnes; puis, c'est la dépense pour l'inscription des noms des rues, la consolidation des carrières qui sont sous quelques rues, les dépenses de l'alignement, etc. A peu près tout ce qui concerne la voirie est rangé dans ce chapitre, sauf l'entretien du sol même de la voie.

— Je vois bien que le chapitre 15 est consacré à ce sol.

— Un personnel de plus de 220 agents s'en occupe. Le pavage coûte environ 7 millions 1/2; il y a ensuite les trottoirs (dont l'établissement est généralement à la charge des riverains), puis le nettoiement et l'arrosement qui coûtent ensemble près de 5 millions tous les ans. (L'État contribue 3 millions et le département 400,000 fr. pour l'entretien du pavé de Paris.)

— Chapitre 16, Promenades, éclairage, voitures.

— Ici aussi on doit entretenir un nombreux personnel, plus de 200 inspecteurs, brigadiers, gardes, etc., puis des cantonniers, des jardiniers, des ouvriers divers; il faut posséder ou acheter un matériel considérable, outils, plantes, etc. Les promenades (bois de Boulogne, de Vincennes, etc.), coûtent 1 million 1/2.

« L'éclairage nous fournira le sujet d'une conversation; je me bornerai à dire que l'article du chapitre 16 qui en résume la dépense s'élève à près de 5 millions 1/2. Quant aux voitures, il s'agit des frais de la surveillance du stationnement dans les rues.

— Chapitre 17, Eaux et égouts.

— Il s'agit de la dépense de la ville pour ces deux services. L'organisation du service des eaux et celle des égouts et vidanges sont assez importantes pour que nous y revenions (Voy. le 2e volume sur PARIS dans les *Entretiens*).

— Oh! le chapitre 19 m'intéresse...

— Il ne s'agit pourtant ici que des bourses dans les lycées, le collège Rollin et diverses institutions.

— Et le chapitre 20, l'Instruction primaire ?

— C'est différent. Les lycées et collèges sont dans les attributions de l'État, l'instruction primaire sans doute aussi, mais la dépense est plus particulièrement communale. Nous ne pouvons pas parler ici en passant d'une chose aussi importante que l'instruction primaire, nous en ferons donc également le sujet d'une conversation spéciale.

— J'en dirai autant, continue M. Duval, de l'Assistance publique et de la police, chapitres 21 et 23; vous voyez, sur votre tableau, les gros chiffres que cela fait, c'est que ces administrations sont considérables et extrêmement importantes. Reste le chapitre 22, Dépenses diverses ; par exemple pour les observations météorologiques (12,000 fr.), les courses de chevaux (70,000), la caisse d'épargne (18,000), etc., et le chapitre 24, Dépenses imprévues, qui s'applique à une foule de petits articles dont nous ne nous occuperons pas.

— Nous aurions encore, dit Gaston, à examiner les dépenses extraordinaires.

— Nous verrions qu'il s'agit de dépenses exceptionnelles ou accidentelles, acquisition d'un terrain, construction d'une maison, rétablissement d'un objet détruit par l'incendie, ou d'une contribution pour l'Exposition universelle. On peut quelquefois répartir une dépense extraordinaire sur plusieurs années, mais c'est toujours une dépense qui n'entre pas dans le cadre des chapitres 1 à 24 que nous avons passés en revue. »

CHAPITRE XIII

LA DETTE DE LA VILLE ET LES EMPRUNTS.

« Mon oncle, dit Gaston le lendemain, en feuilletant dans le *Compte* de la ville, mon père n'aime pas du tout les dettes ; il dit qu'il faut en faire le moins possible et les payer aussitôt qu'on peut ; pourtant Paris a bien deux milliards de dettes, puisqu'elles coûtent plus de 100 millions par an.

— Moi non plus, je ne suis pas favorable aux dettes, mais il y a de ces cas où elles sont inévitables, répondit M. Duval.

— Il me semble cependant qu'un grand pays, ou une ville aussi riche que Paris, devrait pouvoir les éviter, objecta Gaston.

— Vraiment ? Eh bien, je ne serais pas fâché de savoir comment tu t'y prendrais pour les éviter?

— Moi ? C'est tout simple. S'il y avait une dépense extraordinaire à faire, j'augmenterais l'impôt.

— Tu t'imagines peut-être que personne n'a songé avant toi à ce moyen. Tu demanderais peut-être 100 centimes additionnels, 500 centimes, 1,000 centimes, que sais-je? ce qu'il en faudrait, n'est-ce pas?

— Mille centimes? Je me suis peut-être trop avancé, dit Gaston après un moment de réflexion.

— Tu recules donc? dit Henri en riant.

— Non, fait remarquer son père, il s'arrête sur la pente de l'erreur, et c'est très louable, cela. On voit quelquefois des jeunes gens, — c'est-à-dire des hommes sans expérience, — s'avancer étourdiment, et puis, de crainte qu'on ne les accuse de reculer, persister obstinément et niaisement dans l'erreur. Si ces jeunes gens-là avaient le pouvoir, ils causeraient beaucoup de mal par leur entêtement.

— J'entrevois, dit Gaston, qu'on emprunte lorsqu'on ne dispose pas de la somme nécessaire et qu'on ne pourrait pas la demander à l'impôt sans imposer au contribuable une charge trop lourde, peut-être écrasante.

— Voilà, en effet, une cause naturelle d'emprunt; c'est la nécessité. La ville a besoin de fonds, elle sait qu'elle pourra payer, et elle emprunte, répliqua M. Duval.

— Et si elle ne pouvait pas payer? demanda Henri.

— Elle n'aurait qu'à se priver, comme cela nous arrive à tous dans ce monde quand nous ne pouvons pas nous procurer ce que nous voulons. D'ailleurs, si elle n'était pas solvable...

— On ne lui prêterait rien ! s'écria Henri.

— Tu l'as dit, mon fils. Mais même quand on est solvable on peut avoir des raisons pour emprunter.

— Je vais tâcher de les deviner, mon oncle. Tout à l'heure, lorsqu'il a été question d'emprunter et de payer peu à peu, je me suis demandé s'il ne valait pas mieux augmenter l'impôt pour avoir un excédent de recette qu'on accumulerait en le mettant de côté, et avec le temps on aurait la somme voulue sans faire d'emprunt.

— C'est une bonne idée cela, dit Henri.

— Pas trop bonne, cependant, reprend Gaston. Je choisis un exemple chez nous, à Monteau. Les deux parties de la commune sont séparées par une rivière ; supposons qu'on ait besoin d'un pont, et qu'il faille un million pour le construire. Or, avec un lourd impôt, la commune ne pourrait mettre de côté que 50,000 fr. par an ; il faudrait donc vingt ans pour pouvoir construire, et dans vingt ans beaucoup de ceux qui auraient payé seraient morts avant d'avoir vu le pont. En pareil cas, ne vaut-il pas mieux emprunter, alors même qu'à cause des intérêts, on payerait en définitive sensiblement davantage. On jouirait du pont, on aurait quelque chose pour son argent, et s'il est des habitants qui meurent avant l'amortissement complet, et que leurs successeurs payent pour eux, ces derniers sauront du moins pourquoi ils payent.

— Tu as donné une bonne raison, mon neveu, mais il y a une manière plus courte de l'exprimer : on appelle cela faire un emprunt productif. Il peut arriver qu'on emprunte pour construire un marché, où on loue les places. Il n'est pas impossible que le produit des places suffise pour payer l'intérêt et l'amortissement de l'emprunt ; il arrivera ainsi que la ville aura eu son marché pour rien. Quand l'emprunt sera amorti, la ville possédera une propriété productive de revenu.

— Est-ce que tous les emprunts sont productifs ? demande Henri.

— Il s'en faut de beaucoup. L'État ou les administrations départementales et communales doivent y réfléchir avec soin avant de se décider ; il faut un examen souvent approfondi pour savoir ce qu'il est sage de faire, car les emprunts productifs eux-mêmes reviennent quelquefois trop cher. Chaque cas doit être étudié à part.

— C'est le conseil municipal qui vote l'emprunt, dit Gaston.

— Ce n'est là, répond M. Duval, que le premier pas. Il faut que la nécessité ou l'utilité soit bien évidente pour que le préfet et le ministre de l'intérieur approuvent la mesure, mais la décision suprême, celle qui autorise l'opération, est prise par le Parlement. En d'autres termes, il faut une loi pour autoriser Paris à emprunter.

— Quand la loi est votée, dit Gaston, qu'est-ce qui se fait ?

— Si c'est une petite commune qui emprunte, il lui faut 100,000, 500,000 fr., peut-être un million, elle s'adresse à la Caisse des dépôts et consignations, ou au Crédit foncier, leurs conditions sont prévues et publiques ; mais Paris a besoin de si grosses sommes, qu'il procède comme l'État. En tout cas, le conseil municipal discute les conditions de l'emprunt et charge le préfet de faire l'opération.

— Et comment procède l'État ? demanda Henri.

— Généralement par voie de souscription publique, fut la réponse. Autrefois, on s'adressait toujours à des banquiers. Ceux-là n'avaient pas dans leur caisse tout l'argent nécessaire, mais ils passaient une partie de la dette ou de la rente à leurs clients. Seulement les banquiers se faisaient payer une commission, c'était toujours une grosse somme. Un jour le gouvernement s'est dit : Mais cette commission est une dépense inutile ! Il a ouvert des guichets et le public s'y est porté en masse. L'État a tant de crédit ! La ville aussi inspire au public une grande confiance, elle a donc également ouvert des guichets, et les souscripteurs y ont afflué.

— J'ai entendu dire qu'on avait même apporté beaucoup plus d'argent qu'on n'en avait demandé.

— Cela est vrai, mais naturellement on a rendu ce qui était de trop.

— A qui ?

— Aux souscripteurs. On l'a rendu proportionnellement, en conservant un minimum irréductible.

— Cela veut dire que celui qui n'avait souscrit que pour une obligation, recevait son obligation, mais les autres souscripteurs en recevaient une pour deux ou pour trois ou plus ou moins, selon que l'excédent était plus ou moins fort.

— La dette se compose donc d'obligations ?

— La dette de la ville. L'État contracte plutôt ce qu'on appelle une dette perpétuelle ; on dit aussi, à l'imitation des Anglais, dette consolidée. Cela se fait sous la forme d'une rente de 5 fr., 4 1/2, 4 ou 3 fr. pour cent[1] ; on achète

1. Gaston ayant oublié de demander *pourquoi* 5, 4 1/2, 4 ou 3 0/0, je pose la question et y réponds tout de suite : on choisit ce que le public semble préférer. A certains égards, il est indifférent de *nommer* la rente 3 0/0 ou 5 0/0, car le public donnera 60 fr. de capital pour 3 fr. de rente et 100 fr. pour 5 fr. Pour les deux rentes, ce sera toujours 20 fr. de capital pour 1 fr. de rente. Il y a néanmoins une différence, mais qui ne se ferait sentir que si le gouvernement voulait rembourser sa dette à un moment où le cours ou prix de la rente aurait augmenté, et qu'il faudrait donner à la Bourse, par exemple, 125 fr. de capital pour obtenir 5 fr. de rente et 75 fr. pour obtenir 3 fr. Comme le remboursement a toujours lieu au pair, c'est-à-dire à 100 fr., les possesseurs du 5 0/0 y perdraient et les possesseurs du 3 0/0 y gagneraient. L'éventualité d'un remboursement, quelque lointaine qu'elle soit, exerce sa part d'influence sur les cours. Il faudrait que le cours du 3 0/0 dépassât de beaucoup 100 fr. pour

cette rente selon le *cours*. Le cours veut dire le prix que donne volontiers l'acheteur ou qu'accepte volontiers le vendeur. Chacun en achète autant qu'il veut, ou peut. Il est bien question aussi pour l'État d'amortissement, — ou plus exactement de remboursement, — mais cette opération est peu pratiquée. Si l'État a des fonds de reste, il rachète des rentes à la Bourse, c'est-à-dire au marché public des rentes, mais généralement il n'y est pas obligé, et, je le répète, cela se fait assez rarement.

« Pour la ville (ou les communes en général) c'est autre chose. Elle émet ou vend des obligations et non de la rente; mettons que ces obligations aient une valeur nominale de 500 fr. (il y en a aussi à 400 fr. et à 1,000 fr.), cela veut dire qu'on a imprimé dessus : « *remboursable à* 500 *fr.* ». On les émet souvent à 450 fr., 475 fr., plus ou moins, selon le cours; actuellement le cours dépasse de beaucoup 500 fr. La ville dit en même temps combien d'intérêts elle donne par obligation. Si c'est 20 fr. on va tous les six mois toucher 10 fr., moins l'impôt. Mais la ville amortit ses dettes; tous les six mois, on tire au sort

que le gouvernement pût songer à son remboursement. Mais pour le 5 0/0 l'heure arrive plus tôt. — La méthode choisie pour le remboursement d'une dette consolidée c'est la *conversion*. On offre de garder le capital, si le public veut se contenter d'une rente moindre, et comme cette rente réduite est encore avantageuse, le public se résigne généralement à l'accepter; sinon, on est remboursé au pair.

un nombre prévu d'obligations, et les obligations sorties sont remboursées à 500 fr., quel qu'en soit le cours. Les premiers numéros sortants gagnent un lot.

— Je voudrais bien voir le tirage, dit Henri.

— Cela est possible, car le tirage est public, répondit son père. Mais il y a quelque chose de plus intéressant encore.

— C'est ?

— La confection des numéros. Je suis allé la voir. C'est tout un atelier. La plus grande partie du travail est faite par des femmes, car il n'exige pas de grands efforts, il s'agit le plus souvent de mettre des petits papiers dans un petit cylindre en cuivre. Mais ce qui est délicat, c'est le numérotage et le soin à prendre pour qu'aucun numéro ne manque. Il y a de nombreuses vérifications.

— Si nous prenions maintenant le *Compte* pour parcourir le chapitre 1er des dépenses, que nous avons sauté hier ?

— Le voici, s'empressa de dire Henry.

— Le compte, dit M. Duval, nous montre successivement les emprunts de 1855, 1860, 1865, 1869, 1871, 1874, 1876. Nous voyons le chiffre primitif, le montant des intérêts, le montant des lots, la somme amortie, et celle qui reste due.

— Mon oncle, il me semble que la loterie est interdite en France.

— Les lots des emprunts diffèrent sensiblement d'une loterie ordinaire ; il faudrait du temps pour expliquer cela convenablement ; je dirai cependant ceci : la loterie, telle qu'elle existait en France, et telle qu'elle existe encore en Italie, avec des tirages hebdomadaires et des mises de 1 fr., portait certaines gens à négliger leur travail, à vivre dans les rêves et même dans les transes, tandis que les lots des obligations (qui sont un démembrement ou une légère fraction des intérêts) excitent beaucoup de gens au travail et surtout à l'économie. Pour ma part, — car chacun ne peut dire que son opinion personnelle, — je suis l'adversaire des loteries, mais je ne vois aucun mal aux lots qui accompagnent les obligations.

« Sais-tu ce qu'en pense ton père, Gaston ?

— Nous n'avons jamais eu l'occasion d'en parler.

— Revenons donc aux emprunts. Je remarque qu'on a, à Paris, une tendance à allonger la période d'amortissement. C'est une manière de rendre la charge annuelle plus légère, mais elle dure plus longtemps, et en somme on paye davantage. Dans les autres communes, où l'influence du gouvernement est plus grande, il y a plutôt, si je ne me trompe, une tendance à raccourcir les périodes d'amortissement. C'est un moyen de débarrasser plus vite le trésor municipal de ses charges.

— Est-ce qu'il n'a pas été dit que Paris a encore

d'autres dettes que celles qui proviennent d'emprunts?

— Nommons d'abord les annuités pour rachats, mais la différence entre l'emprunt et le rachat n'est pas aussi grande que l'on croit. Une fois l'emprunt réalisé, il devient une dette se composant d'un nombre déterminé d'annuités ou de demi-annuités, puisqu'on paye deux fois par an. Le plus souvent la différence consiste en ceci : par l'emprunt on se procure des fonds pour exécuter un projet, par un rachat on acquiert une chose déjà achevée. Par exemple, il existe un pont à péage ; quelqu'un peut avoir offert de bâtir un pont à ses frais, à la condition que tous ceux qui le passeront pendant un certain nombre d'années payeront un sou. Au bout d'un certain temps on trouve ce système gênant, et l'on convient avec le concessionnaire de lui verser, sur les fonds municipaux, une somme semestrielle à peu près équivalente à celle qu'il aurait perçue, nette de tous frais, sur les passants.

— Paris a racheté ses ponts à péage, dit Henri.

— Et un certain nombre d'autres entreprises, ajoute M. Duval. Paris a encore d'autres dettes. Les comptables de la ville et certains entrepreneurs sont tenus de déposer des cautionnements ; la ville paye 3 0/0 d'intérêts de ces fonds. Il y a aussi la dette flottante, c'est l'intérêt de bons à courte échéance que la ville peut avoir été autorisée à mettre en circulation.

— Pourquoi ces bons ?

— C'est généralement pour suppléer provisoirement à des fonds non encore rentrés. Ces bons sont souvent comme les billets à ordre dans le commerce, une sorte d'emprunt qu'on rembourse quand les fonds arrivent.

— Il me semble, fait remarquer Gaston, qu'il n'a pas été question de frais. Nous avons parlé des intérêts et de l'amortissement, mais il doit y avoir encore d'autres dépenses.

— C'est très juste, répond M. Duval. Il y a des frais de timbre à la charge de la ville, des commissions à payer, des avances à faire. Ainsi, les obligations de la ville supportent plus de 5 millions d'impôts dus à l'État par les propriétaires des obligations ; la ville en fait l'avance et retient sur chaque obligation la part qui lui incombe. Dans les années d'emprunt il y a naturellement des frais extraordinaires.

— Qui doivent être considérables, dit Gaston, comme tout ce qui se voit et se fait à Paris. »

CHAPITRE XIV

LA POLICE.

Le lendemain, à l'heure qu'on consacrait aux causeries administratives, Gaston dit :

« J'ai lu quelque part que la police est faite pour prévenir et la justice pour punir les crimes et délits; cependant, nous avons une police bien organisée et les journaux sont pleins de récits de vols et d'assassinats.

— Il est bien vrai que la mission essentielle de la police est de prévenir le mal ou de protéger, autant que possible, les citoyens contre ses atteintes, mais ce serait une très grave erreur de croire que la police n'a pas d'autre tâche que d'empêcher les crimes. En réalité, elle en prévient un nombre incalculable par le seul fait de son existence, mais il y aura toujours des individus qui s'imagineront pouvoir échapper à sa vigilance, et de loin en loin cela peut réussir à l'un ou à l'autre. Mais généralement les ruses sont éventées, les combinaisons les plus habiles dans leur perversité sont déjouées et presque tous les malfaiteurs sont pris. Mais, encore une fois, ce n'est là qu'une partie des attributions de la police ; je crois vous avoir dit qu'on distingue trois sortes de police : 1° la police générale ; 2° la police municipale ; 3° la police judiciaire.

— Et comment les distingue-t-on ?

— Un peu de patience, s'il vous plaît. On les distingue théoriquement ; mais, pour les deux premières, personne n'a encore tracé des lignes de démarcation bien nettes et n'a déterminé exactement où commence l'une et où finit l'autre. Je crois que les limites ne sont pas toujours bien tranchées. On ne peut donner que des indications sommaires. La police générale comprend tout ce qui concerne la sûreté de l'État (la police politique) et la sûreté des individus, des personnes et des propriétés. La police municipale embrasse la police sanitaire, la police des subsistances, la police des marchés, la police industrielle, commerciale, agricole et autres. Puisque le mot police veut dire : mesures prises pour empêcher un mal, on peut faire de nombreuses subdivisions ; il y a, par exemple, la police de la navigation, la police des chemins de fer, la police des rues, la police des théâtres, la police des mœurs, etc., etc. Mais toutes ces polices ne sont pas municipales, surtout lorsque, pour les appliquer, il faut avoir le bras plus long que le territoire de la commune. Aussi la police générale et la police municipale se confondent parfois, ou plutôt s'enchevêtrent, et quand on ne sait pas bien comment faire la distinction, on les réunit sous la dénomination de police administrative.

— C'est peut-être aussi pour l'opposer à la police judiciaire qui forme une branche à part.

— C'est qu'en effet la police judiciaire diffère bien nettement de la police administrative. Celle-ci veille à la sûreté publique et cherche à empêcher le crime, celle-là agit lorsque le crime a été commis. C'est la police judiciaire qui en recherche les auteurs, recueille des indices ou des preuves. Dès qu'elle s'est emparée du malfaiteur, elle le met entre les mains de la justice, et sa besogne est finie; c'est maintenant à la justice de faire son œuvre.

— Le préfet de police est-il chargé des trois sortes de police : générale, municipale, judiciaire?

— Parfaitement. Et, à Paris, dans une capitale aussi grande et aussi attrayante, la besogne est considérable et les difficultés sont sérieuses.

— Comment faire pour ne rien oublier ?

— C'est tout simple : nous allons prendre le budget et en suivre à peu près les chapitres. J'ai le budget spécial de la préfecture de police de 1879 sous la main, il nous servira de guide.

« Vous remarquerez qu'un certain nombre de chapitres s'appliquent à une attribution déterminée, et que d'autres chapitres concernent l'ensemble du service, par conséquent touchent aussi à ces attributions déterminées. On doit à l'occasion en tenir compte.

— Cette observation s'applique surtout au chapitre 1er, Administration centrale, dit Gaston.

— En effet, dit M. Duval, tout n'est pas contenu dans ce chapitre 1er. Ainsi, le préfet et le secrétaire général sont rétribués sur les fonds de l'État, lesquels fonds fournissent encore 19,780 fr. comme contribution aux traitements des employés de la préfecture; le département fournit 17,560 fr ; le reste de la dépense, 1,017,960 fr., est à la charge de la ville de Paris.

— Je me rappelle qu'il en est de même pour la préfecture de la Seine, et même pour toutes les préfectures, dit Gaston. Le traitement des préfets, sous-préfets, secrétaires généraux et conseillers de préfecture, ainsi que les frais d'administration, figurent au budget du ministère de l'intérieur.

— Ces frais d'administration sont répartis entre les préfectures et les sous-préfectures, sous la forme d'abonnements ; le département de la Seine en a sa part, mais cette part ne suffit pas pour couvrir les dépenses nécessaires. Quant aux dépenses de la préfecture comme mairie centrale de Paris, il est évident que cette dépense est uniquement à la charge de la caisse municipale.

— Et comme le chapitre 1er, ajouta Henri, renferme des fonds de l'État, des fonds des départements et des fonds de la commune, les mêmes fonctionnaires ou employés s'occupent de police générale, de police municipale ou de police juridique.

— L'observation est juste, dit M. Duval; quelques-unes de ces distinctions ont été faites pour mieux faire comprendre la législation, mais n'ont pas toujours un grand intérêt pratique. Par exemple, voilà un gardien de la paix chargé de surveiller le marché pour prévenir les vols, il fait de la police municipale, car sa présence empêche certainement des délits. Mais supposons qu'un voleur plus hardi mette la main sur un objet, et qu'il soit aperçu par l'agent; celui-ci, en l'arrêtant, fait de la police judiciaire.

— Et l'administration centrale ?

— Elle centralise toutes les affaires, son nom le dit; cependant elle se divise en plusieurs services, subdivisés en bureaux entre lesquels les attributions se répartissent. Cette répartition se trouve indiquée dans l'*Almanach national* et d'autres publications semblables. La police relative à la sûreté de l'État est toujours dirigée par le cabinet du préfet, c'est-à-dire sous ses yeux.

— Nous passons donc au chapitre 2, Commissariats de police (1,054,100 fr.), dit Henri.

— Le commissaire de police, dit Gaston, veille à l'ordre public dans les divers quartiers de Paris ; il ne faut pas qu'on ait à aller loin pour trouver un représentant de l'autorité ; je crois bien que ses attributions s'étendent à l'ensemble de la police, administrative ou judiciaire

— Et c'est très heureux, car s'il fallait conduire tout le monde à la préfecture et lui faire attendre son tour, ce tour n'arriverait que dans quelques jours, tandis que le commissaire de police écoute tout de suite, et souvent la décision est immédiate, ou du moins elle est rendue plus facile par une instruction préparatoire. Les services rendus par les commissaires de police sont incontestés, on en a même installé pour la nuit ; seulement, ce service, dont j'ai été le premier à démontrer l'utilité, est encore nouveau.

— S'il y a un commissaire de police par quartier, il y en a donc 80 à Paris ?

— On ne compte que 70 commissaires attachés aux quartiers, dix d'entre eux sont chargés de deux circonscriptions, mais il y a encore 11 commissaires spéciaux. Chaque commissaire a d'ailleurs un secrétaire, quelques-uns en ont même deux, et ils sont secondés par des inspecteurs.

— Chapitre 3, Police municipale, dépense 15,387,650 fr.

— Je ne sais pas trop pourquoi ce chapitre porte ce

nom ; celui de *force publique,* ou même *force municipale* aurait mieux valu. Il s'agit, avec les chefs, les 38 inspecteurs et les 13 médecins, d'un corps de 7,755 gardiens de la paix, qui sont répartis selon les besoins de service. L'État rembourse à la ville la moitié de la dépense que lui cause la « police municipale ».

— Et la garde républicaine ? demanda Henri.

— La garde républicaine, qui s'appelait autrefois garde municipale, forme une légion de 3 bataillons et compte 3,200 hommes environ. L'État paye également une moitié de la dépense et la ville l'autre (chap. 11 du budget de la préfecture de la Seine). La garde républicaine fait un service d'honneur et de sûreté et n'agit que lorsque l'ordre est menacé. Les soldats de cette garde ne sont pas des agents de police, mais des militaires.

— Aussi ne figure-t-elle pas au budget de la préfecture de police, dit Gaston, mais au ministère de la guerre.

— Continuons à suivre ce budget, dit M. Duval, mais groupons les chapitres. Voici par exemple toute une série de chapitres : halles et marchés, combustibles, poids et mesures, analyse des boissons, qui tous ont trait aux approvisionnements. Un certain nombre d'inspecteurs et d'agents sont chargés de la surveillance des marchés, chantiers et autres locaux pour empêcher les fraudes et l'emploi de poids et mesures inexacts. Pour les vins, un service d'expertise est organisé pour constater les falsifications. L'ensemble de ces services revient bien à 450,000 fr.

— Empêcher la fraude, ou la faire punir, est l'une des grandes tâches de la police, dit Gaston.

— Veiller à la sûreté de la voie publique en est une autre, ajoute M. Duval. Les chapitres 4, 6, 10, 11, 12 ne sont que des subdivisions de la même attribution. On a cependant raison de constituer des spécialités, car les inspecteurs de la navigation ont une tout autre besogne que les architectes, au nombre de 11, qui surveillent les monuments publics, ou même que les inspecteurs de la voie publique, et les ingénieurs qui surveillent les machines à vapeur.

« On peut ranger dans ce groupe encore le chapitre 16 qui est relatif aux sapeurs-pompiers.

— Ce sont les sapeurs-pompiers qui éteignent les incendies.

— Les incendies sont-ils nombreux à Paris? demanda Gaston.

— Assez nombreux, répond M. Duval. J'ai là le tableau des incendies de l'avant-dernière année ; il y avait eu 535 incendies, dont 146 ont causé des dégâts sérieux et 389 des dégâts légers ; puis il y a eu 922 feux de cheminée. Ce tableau fait connaître aussi qu'il y a eu, dans l'année, 512 fausses alertes. On appelle les pompiers, sur un indice, ils viennent, examinent et trouvent parfois que l'on s'était trompé.

— Cela prouve qu'il ne leur manque pas d'occupation à Paris. Quel est leur nombre ?

— Il est de 50 officiers et 1690 sous-officiers, caporaux et simples sapeurs-pompiers, et ce personnel, avec les pompes et le reste du matériel, ne coûte à la ville qu'un peu plus de 1 million 1/2 par an.

— Les pompiers n'empêchent pas le feu d'éclater, mais ils circonscrivent les dégâts. Ils ont appris à éteindre les incendies, ils sont exercés à la gymnastique.

— Comme la garde républicaine, les sapeurs-pompiers font partie de l'armée, mais la ville doit pourvoir à toutes leurs dépenses. Le régiment se recrute exclusivement de soldats tirés du corps d'infanterie de l'armée.

— Il resterait à parler de la salubrité et de l'hygiène publique, dit Gaston.

— L'hygiène publique et la salubrité ont pour organe scientifique un conseil composé de 21 membres recevant chacun 1,200 fr. d'honoraires par an, et d'un secrétaire général rétribué. Ce conseil examine les demandes relatives à l'établissement, dans Paris et dans la banlieue, des fabriques et des usines qui peuvent compromettre la salubrité et la sûreté ; il est chargé de rechercher les causes des maladies épidémiques et épizootiques, et d'indiquer les remèdes ; il est consulté sur toutes les questions d'hygiène et dispose d'un laboratoire municipal.

— Mais, dit Gaston, le conseil ne donne que des avis, ou fait des rapports, c'est le préfet qui agit?

— Sans doute. Il dispose d'ailleurs d'agents nombreux, et souvent il lui suffit de faire une ordonnance et d'en ordonner l'affichage. Par exemple, l'administration centrale apprend qu'on a vu plusieurs chiens enragés dans les rues. Supposons que l'administration juge nécessaire de consulter le conseil d'hygiène. Mettons encore que le conseil soit d'avis que chaque chien doit être muni d'un collier portant le nom du maître et d'une muselière. Si le préfet prescrit ces mesures dans son ordonnance, en cas d'infraction tous les gardiens de la paix seraient obligés de dresser procès-verbal ou même d'amener le chien en fourrière. Si le chien était enragé, ils le tueraient sur-le-champ.

— Qu'est-ce que la fourrière ?

— C'est un bâtiment renfermant une écurie et un chenil où l'on amène les voitures abandonnées sur la voie publique, les chiens errants et les épaves diverses. On peut réclamer les objets qu'on y a mis en dépôt, en remboursant, s'il y a lieu, les avances. Les animaux ou objets non réclamés sont vendus au bout d'un certain temps au profit de l'État.

— Encore un mot : de quels *secours publics* s'agit-il au chapitre 15 ?

— Secours en cas de blessures et d'asphyxie. Il y a un très grand nombre d'accidents dans les rues de Paris, dans les fabriques et le long de la rivière. Des boîtes de secours et au besoin des brancards sont prêts pour porter les blessés à l'hôpital. »

M. Duval pensa que les jeunes gens connaissaient maintenant assez bien l'organisation administrative de Paris, et que le moment était venu de montrer à son neveu les points les plus remarquables des environs de la capitale. Ce serait une affaire de quelques jours, puis on reprendrait les conversations et l'on s'entretiendrait des institutions administratives de Paris, ce qui serait pour Gaston l'occasion de rédiger un second cahier de notes, non moins bien rempli que le précédent.

FIN.

TABLE ALPHABÉTIQUE DES MATIÈRES

Châteauroux. — Typographie et Stéréotypie A. Nuret et Fils.

www.ingramcontent.com/pod-product-compliance
Ingram Content Group UK Ltd.
Pitfield, Milton Keynes, MK11 3LW, UK
UKHW020235220726
13923UKWH00002B/667